MAGICAL PHRASE

DRAW HAPPINESS
TO YOU

幸せを引き寄せる
「口ぐせ」の魔法

臨床心理士
山名裕子
Yuko Yamana

ダイヤモンド社

はじめに

「プラスの言葉が持つ魔法」を実感してください

「口ぐせ」というと、皆さんはどんなイメージを持たれますか？

「あなたには、つい口にしてしまう〝口ぐせ〟がありますか？」と聞くと、たいていの人は「わからない」「特にない」などと答えます。でも、実は誰にでも、何かしらの口ぐせがあるのです。

申し遅れました。私は臨床心理士の山名裕子と申します。東京・青山にあるメンタルケアオフィスで、日々、心の悩みを抱えた方はもちろんのこと、メンタルトレーニングやストレスケアを目的にいらっしゃる方、ビジネス心理学に興味のある方の、心のメンテナンスや心の強化を行っています。

たくさんのカウンセリングを通して、その方の経験や置かれた環境によって、口ぐせの内容に差があると気づきました。そして、カウンセリングを経て、心の状態が良くなると、口ぐせも変わってくるのです。初めはネガティブなことしか言わなかった方が、少しずつ前向きな言葉を発するようになる……言葉と感情は大きく影響し合っていると実感させられたのです。

周りを見てみてください。「あー疲れた」「しんどいなー」「めんどくさい」などというネガティブな言葉を連呼している人、いませんか？「はぁ～……」というため息を連発している人もいるかもしれませんね。これらもすべて口ぐせと言えるでしょう。皆さん、それを意識して言っているわけではなく、無意識のうちに口を突いて出てしまっているのです。

しかし、たとえ無意識であっても、ネガティブな口ぐせは感情に大きな影響を与え、どんどん自身をマイナス方向に導きます。

例えば「疲れた……」と口に出すと、その言葉が自分の耳から入って脳に伝わり、「自分は疲れているんだ」と再認識させます。すると、表情は暗くどんよりし、身体《からだ》はずっしり重くなり、さらに疲れてしまう。完全なる悪循環です。

意識すれば、口ぐせは変わります。

「疲れた」と言いそうになったら、「よく頑張った！」と言い換える。

「はぁ～」とため息をつきそうになったら、「よし！」と気合を入れる言葉に変える。

そうすれば、人はどんどんプラスの方向に変化します。

環境、感情、行動（言葉）、思考、身体の5つは、密接に関係し、互いに影響し合っています。言葉をプラスに変えてみることで、心が軽くなり、考え方が前向きになり、身体が軽くなり、行動の範囲が広がり、「ハッピーオーラ」に包まれるようになるのです。

そして、この**「ハッピーオーラ」には、感染効果があります。**あなたの周りの人――例えば家族や恋人、友人、会社の同僚、取引先などにもいい影響を与え、自身が置かれている環境がどんどんプラスに変わっていきます。近年、人間関係に悩んでいる人が増えていますが、まず自分の口ぐせをプラスに変えれば、悩みが解消されるケースがとても多いのです。

この本では、**人生を明るく前向きにするための口ぐせをたくさん紹介しています。もちろん、自分の口ぐせに気づく方法、つい発してしまいがちなマイナスの口ぐせをプラスに転換する方法も説明しています。**「自分の口ぐせ」と向き合い、毎日を明るく前向きなものに転換するきっかけになるはず。

目次を見て、「当たり前のことばかりじゃないか」と思ったあなた。その「当たり前」が、意外にできていないものなのです。それから、あなたの当たり前は、ほかの人にとってそうであるとは限りません。コミュニケーションを円滑にするためにも、当たり前を見直す必要があると私は思います。この本を手に取ってくださったここからが、幸せの始まりです。「プラスの言葉が持つ魔法」を実感してくださいね。

MAGICAL
PHRASE

CONTENTS

目次

CONTENTS

CHAPTER

2

言ってはいけないネガティブな口ぐせ

CHAPTER 3 「チャンス」をつかめる口ぐせ

CHAPTER 4

美しい人になれる口ぐせ

CHAPTER 5

「自分ノート」をつくれば、なりたい自分になれる

MAGICAL
PHRASE

CHAPTER 1

人生が変わる
幸せになる
魔法

MAGICAL PHRASE 01

「ステキ」「すごい」「嬉しい」の言葉は、心を動かしてくれる

心理学で一番大切なのは、「心を動かすこと」と言われています。心を動かすことで、人は前向きになり、イキイキと魅力的になります。

皆さん、「心」ってどこにあると思いますか？

こう質問すると、脳が感情を動かすため「脳にある」という人、五感を刺激すると心が動くから「身体全体が心だ」という人、絵本のように「心臓のあたりにある」という人、さまざまいらっしゃいます。どれも間違いではありませんが、心理学的には、心臓のあたりにハートマークがあり、そこに心があるイメージを持ってもらうといいですね。心が動く感覚がわからない人はドキドキ、ルンルンすると胸が高鳴る感覚を意識することから始めてみてください。

心を動かせば動かすほど、ハートがプルンプルンに潤います。逆に、心を動かさずにいると、ハートはしぼみ、錆びついていきます。

「ステキ」「すごい」「嬉しい」という言葉には、心を動かし、プルンプルンに潤す効果があります。

振り返ってみてください。この3つの言葉、子どもの頃によく使いませんでしたか？特に「すごい！」「嬉しい！」は、毎日たくさん声に出していたのではないでしょうか。そして、そんな毎日がとても楽しく充実していたはずです。

大人になると、この3つの言葉を使う機会が減ります。日常の「ステキ」「すごい」「嬉しい」出来事に心が慣れてしまい、刺激を受けなくなってしまうからです。でもそれでは、心は動かなくなり、しぼみ、錆びついてしまいます。

この3つの言葉を意識して使うようにするだけで、日常の刺激に敏感になれます。「ステキ」「すごい」「嬉しい」と思えることを見つけよう！という気持ちになるからです。

例えば、家族や恋人に言われたこと、同僚にされたことなど、今までは当たり前だと思って流してきたことにも心が反応し、「嬉しい！」と思えるようになる。街中で受けたちょっとした親切にも、心が動くようになる。そうなると、1日1日が俄然充実します。

大人になると、1年があっという間に過ぎていきますよね。それは、年齢を経たことで、日常にある素晴らしいこと、すごいこと、嬉しいことを「当たり前」に感じるようになってしまい、新しい刺激が得られなくなっているから。だから何となく1日が過ぎ、1カ月が過ぎ、1年が過ぎていく……こうやって、あっという間に老けてしまうんです。

ぜひ子どものように、毎日心を動かして、心をプルプルにしていきましょう。できれば仕事、恋愛、友人関係、趣味、家族など、さまざまな方向で心を動かし、心をプルプルかつカラフルに。そうすれば、小さな幸せを見過ごすことがなくなり、心が老けなくなります。

なお、**「ステキ」「すごい」「嬉しい」などの感情を伴う言葉は、記憶力にもつながります。**

それが、ひいては対人コミュニケーションや信頼関係にも好影響を及ぼします。

相手に感情移入したうえで「すごいね！」と言うと、その「すごい」と思った内容を脳はいつまでも記憶します。感情を伴うと、記憶は長い間残るのです。覚えてもらった相手は、「ああ、この前の話を覚えていてくれたんだ」と嬉しく思いますよね。それが信頼につながり、対人関係はよりスムーズになります。

毎日がつまらない、刺激がないと思っている人は、ぜひこの3つの言葉を意識して、日常で心を動かすトレーニングを行ってみてください。ドキドキ、ワクワク、ルンルンが、日々を豊かに彩っていくのだと理解しましょう。

MAGICAL PHRASE 02

「自分は運がいい！」と口に出すと、脳が幸福感に包まれる

日本人には、自身を謙遜したりへりくだったりする文化があります。日本ならではの奥ゆかしさがあり、素敵な文化だと思うのですが、心理学的に言えば、自身をへりくだるのではなく、プラスのアピールをすることが大切です。

中でも「運がいい」という言葉は、どんどん使ってほしいですね。意識して言葉にすると、「自分は幸運のもとに生まれたんだ」と脳が勘違いしてくれるからです。

心理学用語に「ハード・トゥ・ゲット・テクニック」というものがあります。人は特別扱いされるのが好き、という心理をくすぐるテクニックのことで、例えばお店から「あなただけにお得なお知らせがあります」と連絡が来ると、人は優越感を覚え、嬉しくなってつい足を運んでしまう。

つまり、「自分は運がいい」と口に出すことは、「あなたは特別ですよ」と自分自身に言い聞かせることにつながり、脳が幸福感に包まれるのです。

脳が幸福感を覚えると、思考がポジティブになり、「あれもやってみよう、これもやってみよう」と、行動の幅が自然に広がります。行動の幅が広がれば、成功の可能性もぐっと高まるはず。逆に、「自分は不運だ」と思っていると、脳が萎縮して行動の幅が狭まり、失敗の恐れが高まってしまいます。

そもそも、「自分は運がいいんです！」と言っている人と、「不運です……」と言っている人、どちらをサポートしたいかと言えば、圧倒的に前者ですよね。「不運です」と言う人の近くにいると、自分も引きずられてしまいそう……と考え、敬遠する人が多いはずです。

運がいいと言い続ければ、「運がいい人に乗りたい、サポートしたい」という人が集まってきて、さらに成功率が上がります。ビジネスシーンでも、プライベートでも、ぜひ積極的に使ってほしいですね。

また、「運がいい」と言うことは、間接的に周りを褒めることにもつながります。「自分の実力はそれほどでもないけれど、周りに恵まれているからラッキーを引き寄せられた」というニュアンスを持っているからです。

「私って、周りに恵まれているからすごく運がいい！」と言い切ってしまってもいいですね。そう言い続けていると、本当に幸運が引き寄せられますし、周りからのサポートも厚くなりますよ。

ちなみに、この言葉は男女関係においても効果を発揮します。

男性が女性に対して「俺は運がいいからついておいで」と言うと、「男性の頼もしさ」が助長されます。頼りがいがある、ついていきたいと感じる女性が増えるはずです。

そして男性は、自分をハッピーにしてくれそうな女性に惹かれるものです。「自分って運がいい！」と明るく言える女性には、明るい家庭を築いてくれそうと感じるため、将来につながるお付き合いになりやすいでしょう。

MAGICAL PHRASE 03

「おはようございます」は、1日のスイッチを入れる言葉

「おはようございます」という言葉には、1日のスイッチを入れる効果があります。

寝ている時は、身体と心の疲れを回復させてリラックスさせる自律神経である「副交感神経」が優勢な状態にあります。だから、起きたばかりの時はこの副交感神経の影響で、なかなか頭が働かずボーッとしてしまうのです。

「おはよう」のあいさつは、そんなボーッとした頭に「朝だよ!」と言い聞かせ、活動のスイッチを入れることにつながります。

大切なのは、声に出すこと。一人暮らしであっても、朝起きたら大きな声で「おはよう!」と自分自身に言いましょう。そして、カーテンをバッと開けて、日光を浴びること。自律神経が整えられ、スッキリとした目覚めが得られます。

「午前中って、なぜか時間が過ぎるのが速い」と思っている人はいませんか？　これは、副交感神経の切り替えがうまくいかなかった結果、午前中をボーッと過ごしてしまっていたから。早く帰りたいのに仕事がなかなか終わらず、残業をしてしまう……という人は、ぜひ朝起きてすぐの「おはよう」の習慣をつくってください。午前中の作業がはかどるようになって残業が減り、アフターファイブの充実にもつながるでしょう。

「おはようございます」に限らず、あいさつは魔法の言葉です。

あいさつをする時は、自然と口角が上がります。笑うことで相手は安心感を得られますし、自分自身の気持ちも高まります。

そして、あいさつする際には無意識のうちに、相手の顔を見て表情を読み取り、「ああ、元気そうだな」「何か疲れているのかな」などと判断しています。この「表情を読み取る」という行為は、SNSでのコミュニケーションが主流の今の時代において、とても重要なこと。声に出してあいさつをすることは、コミュニケーション能力を磨くことにもつながるのです。

最近、「部下の気持がわからない、うまくコントロールできない」と悩むマネジャークラスの方が増えているように感じます。そんな方こそ、部下に対して「おはよう！」と積極的にあいさつをしてほしいですね。

相手の顔を見てあいさつをすれば、相手のコンディションがわかります。もし「あれ？今日は元気がないけれど、何かあったのかな？」と感じたら、その裏には仕事の悩みや不安、隠しているミスなどがあるかもしれません。そんな時に一言声をかけることができれば、部下の承認欲求を満たすことになります。普段から「温かい目で見守られている」と感じることは、自分の存在を肯定されているという無意識的な感覚につながるのです。

「部下の側からあいさつすべきだ」などという考えはこの際取っ払い、上司の側から進んであいさつをしましょう。こちらからオープンに接することで、部下も心を開いてくれるようになります。

このように、人から何かをしてもらったら自分も返さなければいけないと思う心理を「返報性の原理」といいますが、あいさつにはこの返報性の原理を誘発し、物事をプラスの方向に進める効果がありますので、ぜひ積極的に言葉にしてほしいですね。

MAGICAL PHRASE 04

「おいしい！」と口に出すと、相手との共感が生まれる

「おいしい」という言葉、最近いつ言ったか覚えていますか？

この質問をすると、「あれ？　そういえば言っていない……」と答える方がとても多いんです。忙しいビジネスパーソンは特に、スケジュールの合間に義務的に食べているから、「おいしいと感じる余裕もない」ようです。でも、そういう方こそ、口に出して「おいしい」と言ってほしい。

うつ病のチェックリストに「ご飯をおいしいと感じられますか？」というものがあります。うつ病の方は、ご飯が砂のように感じられたり、味がしなかったりするケースが多いのです。

目で見て「おいしそう」と感じ、香りや食感を楽しみながら味わうことは、五感を鍛え、気持ちを前向きにする効果があります。さらには心を動かし、ハートを潤す効果もあります。

「そんな時間的余裕はない」という人も、「おいしい」と感じるぐらいの時間はあるはずです。そして声に出して言うことが、食事への意識を高めることにつながります。

誰かと一緒に食事をしている時は、なおさら口に出してほしいですね。「しゃきしゃきとした食感がおいしい」「出汁が効いた味付けがおいしい」など、具体的に言えば相手との共感性が生まれます。「この人、おいしそうに食べるな」と感じる人とは、一緒に食べていて楽しい気分になりますし、おいしさも倍増するはず。食事の場がさらにハッピーになります。

心理学用語に「ランチョンテクニック」というものがあります。食事をしながら相手と交渉するテクニックで、「おいしい」という幸福感や楽しい時間が、話の内容をよりポジティブな方向に導いてくれるというものです。食事の時間を楽しみたいという思いから、無意識のうちに対立を避けようとするため、要望や交渉事が受け入れられる確率が上がります。

また、おいしい食べ物や飲み物を口にすると、心地良い感情「快楽」が生まれます。そして食事している間に聞いた話はプラスのイメージと結びつきます。「おいしい」と口にして笑い合うことで、対立を避け、話し合いがよりプラスの方向へ進むことも期待できるでしょう。

「おいしい」と言うことは、ダイエットにももってこい。「おいしい」と声に出すと満足感が上がるため、無駄食いがなくなり、必要な分だけ食べることができますよ。

MAGICAL PHRASE 05

「かわいい！」「きれい！」「美しい！」は、自己肯定感を高める

最近の若い女の子は、何でもかんでも「かわいい！」って言いますよね。実際にそう思っているというのもあるのでしょうが、「かわいいと言っている自分もかわいく感じる」という効果によるところが大きいと感じています。

他人やモノに対して「かわいい」「きれい」と言っていても、耳から入った言葉によって「自分が褒められた」と脳を勘違いさせ、自己肯定感が高まるのです。だから女性はぜひ積極的に、日常生活の中で「かわいい！　きれい！　美しい！」と口に出してほしいですね。

若い女の子は、自分に自信が持てていないケースが多いため、無意識に「人やモノを褒めながら自分も褒められている感覚」を取り入れて、自分自身を輝かせているのではないかと思うのです。大人の我々も、見習いたい部分だと思いますね。

教育心理学において「ピグマリオン効果」というものがあります。同じ水準の能力を持つ生徒をA群とB群に分け、A群にだけ期待をかけ、B群には普通に接すると、A群の生徒のほうの成績が上がるという結果が出ます。つまり、教師の期待によって学習者である生徒の成績は大きく左右されるのです。

世の中の男性には、ぜひこの「ピグマリオン効果」を積極的に活用して、女性をきれいにしてほしいですね。奥さんや彼女に「きれいだね」と言い続けるときれいになりますし、「痩せてきたね」と言うと痩せていきます。男性が期待をかけることで、女性はどんどん美しくなれるのです。

もちろん、女性が自分自身に言い聞かせる方法でも効果は期待できます。鏡を見ながら「私は美しい」と言い続けるのはちょっと辛いかもしれませんが、例えば、お肌の手入れをしたり、メイクをしたりしながら「今日はいつもよりお肌がきれいかも」と言うだけでも全然違います。耳から「きれい」の言葉が入ることで、お肌が「きれい」に応えるようになるのです。

言葉は、心と身体に大きな影響を与えます。プラスの言葉を使って、自分自身を美しく磨いていきましょう。

MAGICAL PHRASE 06

「最高！」という言葉は、プラスの思い込みにうってつけ

人は「プラスの思い込み」をすることで、少しずついい方向に変わっていくことができます。

有効成分を含まない偽薬であっても、「これはものすごく効く」と信じると、心身に何らかのプラス効果が表れることを「プラセボ効果」といいますが、言葉も同じ。プラスの言葉を言い続ければ、「実際にそういう状態にあるのだ」と脳が勝手に思い込み、プラセボ効果が発揮されるのです。

「最高！」という言葉は、プラスの思い込みにうってつけです。例えば、安い化粧品であっても「これは最高のモノなんだ」「自分に最高に合っているモノだ」と思い込んで使うと効果が高まり、お肌はつやつや、きれいになっていきます。大したことないモノであって

も「最高！」と言い続けていると、本当に最高に思えてくるんですね。

モノだけでなく、「状況」に対しても有効です。例えば、友だちと遊んだ後に「最高の時間だったよ！」と言うと、このひとときが「本当に最高の時間だった」と記憶に刷り込まれ、幸せな気持ちが醸成されます。言われた相手も、幸せな気持ちになれますよね。

目の前のコト、モノに対してだけでなく、過去の経験、思い出に対しても活用できます。過去のことを「最高だった」と振り返ることができれば、「次もきっと最高のことが訪れる」という気持ちになり、実際に「最高」なシーンを引き寄せることができます。「最高！」が持つプラセボ効果は、とても大きいのです。

人は、記憶を歪ませることができる生き物です。一つの事象を、ネガティブに捉えれば悪い記憶に、ポジティブに捉えれば良い記憶としてインプットされます。どうせならば、「最高」という言葉でプラスに歪ませたほうが、後々の人生にとってもプラスに働きます。

例えば、過去の恋愛に対して「あの男（女）は最悪だった……」とネガティブに振り返る人がいます。しかし、初めは好き合ってお付き合いがスタートしたのですから、いい時だって絶対にあったはずなんです。それなのに「最悪だった」という言葉で思い出を台無しにしてしまうと、記憶が悪い方向に歪み、「そんな恋をしていた自分もダメなんじゃないか」と自己肯定感を下げることにつながってしまいます。

たとえひどい別れ方をした相手であっても、いい部分にフォーカスして「自分には合わなかったけれど、最高の彼（彼女）だった」と振り返ることができれば、次の恋愛はさらに素晴らしいものになるはず。過去の恋愛を手放すために、不満を口に出すというプロセスも必要ではありますが、最終的には「成長させてくれてありがとう」と感謝し、次のステップに進むことが大切です。

人生を、「正のループ」に乗せるためにも、ぜひ「最高！」を意識して使ってほしいですね。

MAGICAL PHRASE 07

「大好き！」は、「認められたい」気持ちを満たしてくれる

「大好き！」――日本人は、あまりこの言葉を口にしませんね。

欧米では電話の最後に、夫婦やカップルはもちろん、親子や友人であっても「I love you」と言って切ったりしますが、日本においてはまずありませんよね。

でも、特に恋愛関係においては、ぜひ積極的に使ってほしい言葉なのです。

「大好き」という言葉は、人間が持つ「認められたい」「愛されたい」などという承認欲求を満たしてくれる言葉です。

女性は、女性ホルモンの影響もあり、男性に比べて不安な気持ちに陥りがちです。パートナーである男性から「大好きだよ」と言われるだけで、女性の不安はかなり軽減され、

気持ちが安定します。

そして、人から何かをしてもらったら自分も返さなければいけないと思う「返報性の原理」も働き、女性側も男性をもっと大好きになろうと無意識的に感じるようになる。この言葉一つで、夫婦やカップルの関係性が円滑になるのです。

よく、「女性は感情的で、男性は論理的傾向が強い」と言われます。実際、脳の構造的に女性のほうが、右脳と左脳をつなぐ「脳梁《のうりょう》」という部分が太く、右脳と左脳の連動性が優れているので、男性よりも多くの不安を抱えやすく、感情で物事を捉える傾向にあります。

〝論理的〟な男性からすれば、「わざわざ『大好き』だなんて言葉にしなくても、一緒にいるんだから好きということでしょ？」と考える。でも、感情の生物である女性は、言葉が欲しいんですね。初めは恥ずかしいかもしれませんが、男性側が頑張って「大好き」を使うことが、夫婦円満、カップル円満のコツなのです。

会えない時に、一人で「大好き」と繰り返しつぶやくことも有効です。同じ人に繰り返し接すると、好意度が高まるという心理を「単純接触効果」と言いますが、これと同じ効果があるのです。

友だちに対して、「○○君（○○ちゃん）のことが本当に大好きなんだよね」と話したり、一人でいる時も「○○君（○○ちゃん）大好き。会いたいなあ」などと口にしたりすることで、好きという気持ちが盛り上がります。つまり、実際に会っていなくても、繰り返しパートナーに「大好き」と言うことで、気持ちの中での「単純接触効果」が高まっているんですね。

会えない時も気持ちが盛り上がっていれば、実際に会った時の感情はさらに盛り上がります。「大好き！」という言葉も、さらに自然に、想いを込めて発することができるようになるはずです。

MAGICAL PHRASE 08

「感動した！」は、心を動かし心をプルプルにする

感動とは、心を動かすと書きます。「感動した！」と声に出すことは文字通り、心を動かして、心をプルプルにする作用があります。

現在、うつ病にかかる人が増加しています。うつ病は、喜怒哀楽の平板化を進行させ、感情を動かなくさせます。嬉しいことのはずなのに、嬉しいと感じなくなる。本来ならば辛いことなのに、諦めからか何も考えられなくなってしまい、漠然とした悲しみだけが残る。

このような状態に陥らないためにも、なるべく喜怒哀楽は出したほうがいいですね。日常のちょっとした喜び、ちょっとした幸せに対しても、意識して「感動した！」と言い続けると、心が反応し、プルプルに潤います。

「感動」は、喪失体験をした時にも効果を発揮します。

人は、大きな喪失体験をすると、「これ以上傷つきたくない」と自分で自分の感情にふたをしてしまう傾向にあります。しかし、そのままふたをし続けていると、喪失体験がずっと心の中に残ってしまいます。

心を閉じるよりも、心を動かして、感情を一気に出し切ったほうが、心の健康のためにはお勧めです。失恋した後に、カラオケで失恋ソングを歌って大号泣するというのは、実は理にかなっているんです。

喪失体験とまではいかずとも、日々のストレスは「感動」で発散することができます。

私は、スポーツ観戦、ライブ、映画、観劇などなど、感動できそうなシーンに積極的に足を運ぶことをお勧めしています。

例えばサッカー観戦で、応援しているチームにシュートが入ったら、「やったー!!!」とおなかの底から大声を出すことで感動を表すことができるし、好きなアーティストのライブに行けば、その歌声に感動して、涙を流すことができます。このように「感情を表出する」ことで、ストレスでこわばっていた心が動きだし、弾み出すのです。

忙しくていろいろなところに足を運べない場合は、自宅でのDVD観賞などもお勧め。ぜひ日常に「感動」を取り入れて、心を錆びつかせないようにしてほしいですね。

MAGICAL PHRASE 09

「相づち」を打つ時は、「ペーシング」を意識する

相づちには、会話を弾ませる効果があります。夫婦関係、恋人関係、家族関係、仕事関係……コミュニケーション不足に陥りがちなすべての関係において、「相づち」は非常に有効です。

コミュニケーション不足の大きな要因に、一方が「興味がなさそうだから話すのをやめよう」と思ってしまい、それを受けたもう一方も「相手が黙っているから自分も話すのはやめようかな」と感じてしまう、会話の〝負のループ〟が挙げられます。負のループに陥ったら、コミュニケーションが一気に減り、関係性が希薄化してしまいます。

相づちは、「話を聞いていますよ」というアピールです。このアピールが、話している相手の承認欲求を満たし、コミュニケーションを円滑にします。

相づちにはいろいろなパターンがありますが、お勧めなのは、相手の言葉を引用して返す「バックトラッキング」という方法。

例えば、奥さんや彼女に「昨日、渋谷の美容室に行って来たんだ」と言われたら、何と反応しますか？

多くのご夫婦やカップルの場合、男性のほとんどが「ふーん」「へー」で返すから、「ねえ、聞いてるの！？」となり、ケンカが勃発するわけです。

そこで、相手の言葉を引用し、「え？渋谷の美容室に行ったんだ？」と相づちを打つ。そうすると、話している側は「聞いてくれている！」と感じ、もっといろいろ話したいと思えます。

相づちを打つ際に、「ペーシング」を意識することも有効です。相手の話し方やスピード、話すテンション、間の取り方、声の大きさなどをなるべく合わせながら返す。そうすると、人は自分と似たものに好感を持つという心理「類似性の法則」が働き、お互いの居心地がよくなって、会話が弾むようになります。

「ペーシング」にはもう一つ、相手が欲している表情や態度を取るという意味もあります。相手がどういう反応をしてほしいと思っているのかを測って、聞く側もその表情をつくるのです。

表情には大きく分けて、**オープンフェイス**（笑顔やびっくりした表情などのオープンな表情）、**ニュートラルフェイス**（素で無機質な表情）、そして**クローズドフェイス**（悲しい、怒っている、真剣など、顔のパーツが中心に寄るような表情）の3つがあります。この3つを、相づちにプラスすると、「相手の話を感情移入しながら聞いている」というアピールになります。楽しい話をしているならば、オープンフェイスでニコニコと、グチを言っているならば、一緒になって辛そうなクローズドフェイスに……を意識してみましょう。

身体を前後に動かすこともお勧めです。前のめりになって興味を示したり、顔や身体を後ろに反らして驚きを表現するのです。時には肩を落として反省の態度を示してみるのも有効です。相づちのレパートリーを増やすと、さらにお互いの居心地がよくなり、会話も弾むようになるでしょう。

「バックトラッキング」＋「表情変化」は、ビジネスシーンにおいても有効です。意思疎通や意思確認につながり、思いのニュアンスを一致させることができます。相手の言葉を繰り返すことは、ミスを減らすことにもつながります。

特に、言うことがコロコロ変わる上司や取引先などに有効。相手の言葉を引用することで、相手に「自身の発言内容」を記憶させることができるので、発言の変化を防げますよ。

MAGICAL PHRASE 10

「ひとり時間」の使い方で幸福度が変わる

人は壁にぶつかった時、人と話すことで解消するといわれています。心の中にあるさまざまな悩み、不安、イライラを言葉にして吐き出すことで、苦痛から解放され、安心感が得られるというもので、心理学用語で**「カタルシス効果」（心の浄化作用）**といわれます。

そのため、特に女性は常に誰かと過ごしたがる傾向があり、一人の時間の使い方がヘタな人が多いのですが、**1日に1回は、一人になれる時間を設けたほうがいい**と私は思っています。

人は気づかないうちに、人に気を遣っています。人と話すことでカタルシス効果は得られますが、一方でいつの間にか神経をすり減らし、ストレスを溜めてしまっているのです。

「一人でいると寂しくてしょうがない」という人は、自己肯定感が非常に低いのが特徴。自分一人ではダメだから、誰かに頼りたいという欲求が強く、不安を軽減させるために無意識的に依存してしまうのです。カタルシス効果を得ることはとても大切なのですが、依存レベルになってしまうと、自分の意思で感情をコントロールできなくなり、ストレスは溜まり、自己肯定感は低下し、自立性もなくなる……という悪循環に陥ります。

1日のうち、ほんのわずかな時間で構いません。**一人きりになって、音楽を聴いてリラックスしたり、目を閉じてゆったり瞑想する時間を設けましょう。**それにより、人と関わる中で知らず知らずのうちに溜まったストレスをスッキリ解消することができます。

小さな子どもを持つ主婦など、「一人になる時間がない」という方もいらっしゃるでしょう。そういう方こそ、普段は子どもの世話にかかりきり、夜は旦那さんの相手……と、ストレスを溜めているはずです。

例えば、**朝5分、旦那さんや子どもよりも早起きして一人の時間をつくる。**それだけでも、ストレス解消にはかなり有効です。5分というわずかな時間が、1日の活力につなが

ります よ。

MAGICAL PHRASE 11

褒め上手の人は自分の言葉で運が良くなる

「ありがとう」の魔法などと同様ですが、周りの人を褒めることは、自分自身を褒めることにもつながります。**自分の口から発した褒め言葉であっても、それが自分の耳にも入ってくることで、脳が「自分に対して言われた言葉」と勘違いするケースがある**からです。褒められた人だけでなく、自分自身もハッピーになれる。だから積極的に「褒め」ていただきたいですね。

ただ、今の若者は「褒めるのが苦手」という方が少なくありません。SNSでのコミュニケーションが増え、直接人と会ってコミュニケーションを取る機会が減ったことで、「褒めるのが照れくさい」「いい褒め言葉が出てこない」と感じる方や、「他人を褒めるポイントが見つけられない」という方が多いようです。

「褒めるのが照れくさい」と感じる方にお勧めしたいのが、「間接的に褒める」方法。

例えば「おしゃれですね！」とダイレクトに伝えるのは照れくさくても、興味津々に「そのお洋服、どこで買ったのですか？」と言えば、間接的におしゃれだと褒めていることになります。

「○○さんおしゃれだから……」「○○さんみたいになりたくて……」などと直接的な表現を付け加えられると、なおいいですね。直接的な褒めだけだといやらしいかな？ と思う場面では、このように直接的な褒め・間接的な褒めの両方を組み合わせると、より自然に思いが伝わります。

「褒めるポイントが見つけられない」という方は、人を観察する習慣をつけましょう。

褒め上手と言われる人は、人を観察するのが上手で、小さな変化にも気づきます。例えば、女性に対して「かわいい」「きれい」と言わなくても、「髪切ったんだね」「口紅の色、変えた？」と伝えると、相手は承認欲求が満たされ、「気づいてくれたんだ」「自分に興味を持ってくれているんだ」と嬉しくなります。
特に男性は、女性の髪形やメイク、ファッションの変化にあまり気づけないものですが、「観察しよう」と意識するだけでも、変化に気づく確率が上がりますよ。

それでも「褒めるのがどうも苦手」と感じる方は、恋愛映画や恋愛ドラマを観ることをお勧めします。

恋愛映画やドラマでは「人の感情の動き」や「心の触れ合い」が丁寧に描かれています。恋人関係、夫婦関係における、相手の〝褒めポイント〟を見つけるトレーニングになるのはもちろん、人はどんなことを言われたら嬉しいと思うのか、気持ちを測るトレーニングにもなります。男女関係のみならず、友人関係、ビジネスにおける関係でも活かせるようになりますよ。

感謝の気持ちを伝えることで、間接的に褒めるというテクニックもあります。「いつも助かっているよ」「遅くまでおつかれ、ありがとう」「いつもありがたいと思っているよ、

たまには ゆっくり休めよ」という具合です。一言、感謝の気持ちを伝えるだけで、相手の表情や場の雰囲気は変化します。また、褒めることで自分の心に余裕が生まれ、穏やかになるという効果もあります。言葉は考え方や心、環境にも変化を与えるのです。

MAGICAL
PHRASE

CHAPTER 2

言ってはいけないネガティブな口ぐせ

MAGICAL PHRASE 12

自分の何気ない口ぐせをチェックする

人には、知らず知らずのうちに多用している「口ぐせ」があります。多くの場合、無意識なので自分では全く気づいていません。

私はよくカウンセリング中に、「よく○○とおっしゃいますね」などと、クライアントさんの口ぐせを紹介します。すると、皆さんたいてい「え、そんなこと言っていましたか？」と驚かれる。中には「嘘でしょ！」と否定する方もいるほどです（ちなみに、カウンセリングを受ける人のことを、心理学の分野では「クライアント」と呼びます）。

前向きな、プラスの口ぐせならばいいのですが、ネガティブな口ぐせを知らず知らずのうちに多用していると、どんどんそういう人間になってしまうので要注意です。

耳から入ってきた言葉は、脳を勘違いさせ、「自分はそういう人間なんだ」と思い込ませてしまいます。すぐに「もうダメだ……」と言う人がいますが、言えば言うほど物事はダメな方向に流れていきますし、ダイエットしている人が「自分は太りやすいから……」と言えば、「痩せたい」との意に反して太ってしまいます。

もちろん、**その口ぐせを聞いている周りの人も、あなたをそのような人だと認識してしまいます。ネガティブな口ぐせは、いいことが一つもないのです。**

ネガティブな口ぐせは、行動範囲をもぐっと狭めてしまいます。「もうできない」「私には無理」という口ぐせ、よく聞きますよね。「できない」「無理」と言ったとたん、自分で自分に「ここまで」と限界を決めてしまい、それ以上の頑張りや努力、挑戦をしなくなってしまうのです。

とはいえ、もう何十年も無意識に使っている口ぐせですから、そう簡単に直せるものではありません。ただ、**自分の口ぐせを「理解」し、「意識」するだけで、口をついて出る**

頻度を下げることは可能です。

手っ取り早いのは、周りに聞くことです。家族や友人に、「私って何か口ぐせある?」「よく使っている言葉って何?」と聞いてみると、意外な口ぐせに気づけるかもしれません。

可能であれば、自分が話している姿をビデオに撮ってもらうとより明確です。思いもしなかった自分の口ぐせに驚かされますよ。加えて、「話し方のくせ」……例えば声の高さとか、ペース、身ぶり手ぶり、表情などもつかめます。自分がどんな言葉を多用し、どんなふうに話しているのか、そして相手にどんな印象を与えているのか、客観的に見ることができるのでお勧めです。

なお、ネガティブな「感情」自体は、抑え込む必要はありません。ネガティブな感情を抱くのはごく自然なことであり、その感情を無理矢理抑え込むのは心理学的な観点からもよろしくありません。ただ、「言葉にして出す」時には、プラスの言葉に変換してみてください。

ネガティブな考えが浮かんだ時には、その感情をすぐにそのまま言葉にするのではなく、いったん受け止めて「それって本当なの？　根拠は？」と自分に問いかけてみましょう。それが、「ネガティブに偏った考えをポジティブな考え、現実に即したフラットな考えに変換する」トレーニングになります。

例えば、好きな人にＬＩＮＥを送って既読になったのに返信が来ないと、「嫌われたんだ」「私に興味がないんだ」とマイナスのことばかり思い浮かべてしまう……という方がいます。ただ、それをそのまま口にしてしまうと、「自分は相手に嫌われたんだ」と自己暗示をかけてしまい、ますます落ち込んでしまうことになります。

そんな時は、あえて反対のことを想像してみてください。

今ちょうど打ち合わせの最中で、ＬＩＮＥはたまたま見られたけれど返信する状況にはないのかもしれない。体調が悪くてとても返信する気力がないのかもしれない。今バタバタしているから後で返信しようと思っていたけれど、忙しくなってそれどころじゃなくなっちゃったのかもしれない。

……このようにプラスの見方をする努力をすると、ネガティブな思考に縛られなくなり、ネガティブな口ぐせを言わずにすみますよ。

MAGICAL PHRASE 13

「できます」と言えないならば、「やってみます」と言ってみる

口に出した言葉には、それを現実化するパワーがあります。「できない」という否定の言葉を使ったが最後、「本当にできなくなってしまう」ので注意が必要です。

中には謙虚な気持ちで「私にはできないかも……」などと言う方がいるかもしれませんが、「できない」と言ったとたんに周りが期待しなくなりますし、頼まれなくなります。謙虚に受け止めたつもりが、自らチャンスを消してしまっているのです。こんなにもったいないことはありません。

自分には少し荷の重いことを頼まれ、「できます！」と自信を持って言うことに抵抗があるならば、「やってみます」という言葉を使うといいでしょう。「できるかぎりやってみます」「できると思います」でもいいですね。

人は、新しいことに挑戦する時には大きな不安やストレスを覚えます。しかし、いざ一歩踏み出してみると、うまく歯車が回り出し、「想像より簡単だった」「思ったよりも自分に向いていた」など、思いもよらない可能性に気づけたりします。

「できない」という言葉は、その可能性を一瞬でシャットアウトしてしまいます。ぜひ、「できます」「やってみます」などのプラスの言葉で、自分で自分の背中を押してあげましょう。

MAGICAL PHRASE 14

「忙しい」と口にすると、脳が勘違いする

デキる人は、常に活発に動いて、仕事もプライベートも充実させています。傍から見ると「忙しい」状態なのですが、本人は決して「忙しい」とは言いません。なぜなら、「忙しい」という言葉は、仕事のパフォーマンスの質を著しく下げてしまうからです。

「忙しい」と口にすると、脳が「あ、今自分は忙しい状態なんだ」と勘違いして、精神的な余裕がなくなります。精神的余裕がなくなると、自身の仕事の内容を精査しなくなり、仕事の「質」が下がってしまいます。「忙しい」が口ぐせの人は、自ら切羽詰まった状態をつくり出し、自分を追い込んでいることに気づいてほしいですね。

中には、「忙しい」という言葉に酔っている方も見受けられますが、これも注意が必要です。「忙しい」と言うことで今の状態に満足してしまい、そこで成長が止まってしまう。「忙

しい＝これで充分・よくやっている」と自分の限界を決めてしまうため、さらに上を目指す気持ちになれなくなってしまうのです。

実際に仕事が山積みで「本当に忙しい」状態であっても、できるだけ「忙しい」と言わないよう心掛けましょう。**「忙しい」よりも「まだまだいける」、「大丈夫！」という言葉のほうが、断然自分を鼓舞してくれます。**仕事の質を上げ、さらに上を目指すパワーが生まれますよ。ただ、こまめに休息を取ることやストレスケアをすることは、忘れないでくださいね。

なお、これは**女性に言いたいのですが、「忙しい」が口ぐせの男性は要注意です。**浮気をしたり、二股をかけたりする男性は、「忙しい」という言葉で女性の心を収めようとするからです。

本当に忙しい状態であっても、本気で会おうと思えば時間は捻出《ねんしゅつ》できるもの。朝から晩まで仕事漬けという人でも、夜遅くに少し会って軽く飲むとか、早朝に待ち合わせて朝食を一緒にとるなんてことはできるはず。それだけで、女性は安心できるものです。それを「忙しいからしようがないでしょ」でやり過ごす人は、陰で他の女性に会っている可能性アリです。

そもそも、「忙しい」が口ぐせの男性は、仕事のパフォーマンスもそれなりで、成長性も期待できません。会えない状況に耐え、ついていくには値しないケースが多いはずですよ。

MAGICAL PHRASE 15

「だって」「でも」を言いたくなったら、「クッション話法」を使う

「だって」「でも」は、特に女性が多く使う言葉です。ごく気軽に使う方が多いのですが、この2つの言葉は、相手に不快感を与える言葉であることをもっと認識してほしいですね。

「だって」「でも」に続く言葉の多くは、言い訳です。つまり、「だって」「でも」は、「これから言い訳を始めますよ」というアピールになり、相手にストレスを与えてしまうのです。

例えば、他人から「〇〇さんってこういうところあるよね？」と批判めいたことを言われたり、「〇〇さんのやり方より、こっちのやり方のほうがいいんじゃない？」と否定的な意見を言われたりすると、たいていの人はイラッとして、「え、でも……」と返したくなります。

ただ、それではせっかくアドバイスをくれようとした人の思いを逆なでして、「二度と言うまい」と思わせてしまいます。

たとえ「反論したい！」と思っても、「だって！」「でも！」と感情的に返してはお互いに嫌な気持ちになるだけ。プラスになることは一つもありません。

そんな時は、**いったん受け止める「クッション話法」を使う習慣をつけてください。**「ああ、なるほど」「確かに」などのクッションとなる言葉をはさみましょう。

例えば、批判めいたことを言われたら、「ああ、確かにそういうところがあるかもしれませんね」と受け止めてみると、相手は「聞き入れてもらえた」「認めてもらえた」と感じ、攻撃性を鎮めることができます。さらには、自分自身の反発心も軽減できます。クッション言葉をはさむことで、相手の言っていることを冷静に捉えられるようになるので、「こんな考え方もあったんだ！」と気づかされるかもしれません。自分の意見を展開するのはそのあとでも遅くないですよ。

クッション話法以外には、「リフレクティング」（オウム返し）も有効です。指摘された点を繰り返すことで、相手も自分も冷静になります。

MAGICAL PHRASE 16

「誰か紹介してください」と言わない

人脈を広げるのは、とてもいいことです。新しい人脈からは新しい視点が得られ、刺激を受けることができます。刺激を受ければ、ハートが弾み、プルプルとつややかに潤うようになります。

ただ、人脈を広げたかったら、自分で行動することが大切です。誰かに頼り、楽をして築いた人脈は結局のところ、活かし切ることができないケースが多いのです。

人間は、労力や時間、金銭など、「自分がかけたコストを無駄にしたくない」と思う生き物です。これを「サンク・コスト効果」と呼びます。

つまり、自分の力でたどり、通い詰め、時間や労力などをかけて人脈を築けば、「これだけコストをかけたのだから、かけた分だけ活かそう」という心理が働きます。

また、「こういう人と出会いたい、こんな人脈を築きたい」と強く思いながら行動すると、それだけ自分の記憶に深く刻まれ、「この人脈を大事にしよう。活かし切ろう」と思うものです。

記憶に深く刻まれていれば、今すぐには活かせなかったとしても、何かの拍子でその人をふと思い出すもの。例えば、全く未知の分野の仕事を任され、何から手をつければいいか迷ったとします。そんな時、自分の力で築いた人脈があれば、記憶の引き出しから「Aさんだったら、この分野に強いはず！」などと、ポンと飛び出てくるのです。

一方で、人から紹介してもらい、安易に築いた人脈には、そこまでの強い思い入れは持てません。遠慮からか連絡をあまり取らなくなり、記憶にもあまり残らない。結局はその場限りの交流で終わってしまい、せっかくの縁を活かし切れない……という場合が多いのです。

強い想いを持って人脈を築けば、当然、相手にもその想いが伝わります。「そこまでして、自分に会いたかったんだ」という喜びを感じられますし、承認欲求が満たされるので「返報性の原理」で期待に応えようとします。あなたに何かあった時に、手を差し伸べようと思うでしょうし、あなたから期待され、何かを依頼された時には、喜んで協力しようと思ってもらえるはずです。

他力本願ではなく「自分からアプローチをかける」という行為は、どんな場面においてもとても大切です。

よく、「Bさんに会ったらよろしく言っておいてください」と他人にことづける方、いませんか？　それよりも、直接Bさんに連絡を取り、「今日○○さんとお会いして、Bさんの話になったんですよ。ぜひ近々お会いしませんか？」とお伝えしたほうが、相手の印象は上がります。

恋愛においても同じです。「誰かいい女性（男性）紹介してよ」なんて言う方がいますが、待っているだけではチャンスは巡ってきませんし、もしチャンスが巡ってきてもゲットする力は弱いでしょう。

自ら一歩踏み出せば、感情や姿勢も「真剣に恋人を見つけよう」モードに切り替わり、チャンスをモノにする力が高まりますよ。

ただ、人からの紹介は、もちろん大きなチャンスではあります。「紹介して」と自ら言わなくても、周りが「紹介したい」と思える振る舞いを普段からしておくことが大切です。

MAGICAL PHRASE 17

どんなに苦手な人でも、最低5つは長所を見つける

言葉の力は、本当に強いのです。

嫌い、イヤだと口に出してしまった時点で、五感のすべてが相手のイヤな部分にフォーカスしてしまいます。そして、いい部分には、全く目が行かなくなってしまう。

これって、チャンスを自ら潰してしまっているのと同じこと。本当はいい人かもしれないのに、一部だけを見て即座に拒絶してしまい、いい部分が全く見えてこなくなってしまう——こんなことを繰り返していると、人脈は一向に増えませんし、当然さまざまな人脈から得られるチャンスや刺激、ワクワク感なども増えることはありません。

私が尊敬するダライ・ラマ十四世は、**「否定的な感情を抑えて、善の心を養うことで内面の武装を解けば、外の世界の武装も解くことが可能になる」**ということを言っています。

否定的な感情を持っていると、すべてが敵に見えてしまいますし、相手も心を開かなくなってしまう。否定的な感情にとらわれそうになった自分の心を解放すれば、相手の心も解放される……という意味だと思うのですが、まさにこの言葉通り。

好意的な感情で相手に接すれば、相手にそれが伝わり、好意が返ってきますが、否定的な感情で接すれば、相手の嫌悪の感情がこちらに返ってきてしまいます。

とはいえ、「明らかに苦手な雰囲気の人の場合、いいところを見つけるなんて難しい……」と思うかもしれませんね。

私は、**初めて誰かにお会いした時、どんなに苦手っぽい印象を受けた人であっても、最低5つは長所を見つけるようにしています。**

どんなところでもいいのです。「目がぱっちりしているな」「洋服が似合っているな」「雰囲気がかっこいいな」「声がシブくてステキだな」「話し方はボソボソ暗い感じだけれど、私にすごく気を遣って話してくれているな」などなど、外見でも内面でも、いいところを見つけようとすると、その思いが連鎖していいところが見つかるようになり、5つでは収まらなくなるんです。

人は、初めに思ったことを正当化させようとして、自分の直感を支持し強化するための情報を集めようとする生き物なので、初対面で「嫌だ」と思ったらそれを自分の力で覆すのは難しいもの。ゲーム感覚でもいいので、「初めに5ついいところを見つける！」を習慣化すると、今よりもっと人脈が広がるはずですよ。

MAGICAL PHRASE 18

「つまり」「だから」「要するに」をよく使う人は、「白黒思考」になっている

つまり、だから、要するに……これらの言葉を、口ぐせのように使っている人を多く見かけます。

自分が話していることの流れで出てくるならばいいのですが、相手が何かを話している時に「あ、それってつまりこういうことでしょ？」「要するに、こういうことですよね？」などと話を遮ってはいませんか？

これは相手にとって、とても失礼な行為です。「あなたの話は、まとまっていないよ。こういうふうに簡潔に言い換えられるでしょ？」と暗に指摘しているのと同じことだからです。

この行為は、相手の心を完全に無視しています。確かに回りくどい話し方だったかもしれないけれど、話の中にその人が大切にしている想いやニュアンスが込められているはず。それを無視して話をまるっとまとめてしまうのは、いくら良かれと思ってやっていても、相手の反感を買うことになりかねません。

心理学における認知の歪みの一つに、「白黒思考」というものがあります。物事のすべてを白か黒で明確に分けようとする考え方のことですが、こういう認知の歪みに陥っている方が「つまり」「だから」「要するに」を多用しがちです。結果や結論を急ぐ印象を与え、そのことが相手の負担になるケースも少なくないので、注意が必要です。

しかし、すべての物事や事象を白と黒の2つに分けることは、現実的には不可能です。

ミスターチルドレンの『ギフト』という歌の中に、「白と黒のその間に無限の色が広がってる」という歌詞があります。私はこの歌詞を、白と黒の間のあいまいな部分に魅力的な色がたくさんあるのだから、そこに目を向けましょう……ということだと認識しています。

「つまり～」などの言葉を使って白と黒以外を排除してしまうと、せっかくの美しい無限の色を無視することになってしまいます。

まずは、他人に対して「つまり」「だから」「要するに」を使う頻度を、意識して減らしてみてください。相手の言葉に込められたニュアンス、感情、想い、メッセージが、きっと見えてくるようになりますよ。

MAGICAL PHRASE 19

「失敗した」を使い過ぎると、自信が失われていく

「失敗は成功のもと」ということわざがあります。

失敗は誰もがしでかしてしまうものですが、その失敗の「原因」や「過程」に目を向けることで、次の成功につながります。だから、長い目で見れば、それは「失敗」ではないんです。失敗からヒントを得られれば、人はいつからでもやり直すことができるのです。

それなのにわざわざ「失敗した！」と口に出して宣言しシャットダウンしてしまったら、そこで終了です。脳に「この体験は失敗に終わったんだ」とインプットされ、原因や過程に目を向けることなく、自ら幕を下ろしてしまうのです。

さらに言えば、「失敗した！」が口ぐせになると、脳が「失敗体験を積み重ねている」と認識してしまい、自信が失われていきます。自信が失われると、「失敗した」にとどま

らず、挑戦する前に「どうせまた失敗する」というネガティブ思考に陥ってしまい、自身の可能性まで狭めてしまいます。

失敗に無駄な要素は一つもありません。たとえ次の成功につながらなくとも、「この分野は自分には向いていなかった」と知ることができたという意味では〝成功〟なのだと認識しましょう。

また、**失敗体験は人を優しくします。**人の弱さや辛さを知ることにもつながるのです。

自信を持つためには小さな成功体験を重ねることが大切ですが、「成功体験がない」と話す人は、実は失敗体験もほとんどしていません。「成功の反対は平凡だ」とする考え方がありますが、挑戦をしない人は成功も失敗もしないのです。

自分の苦手分野やコンプレックスを把握して、意識的に向き合うことは人を強くします。言い訳をせずに失敗を一時的に認めて反省点や修正点を考えることは大切なことなのです。ただ、失敗したことによる「辛い感情」から目をそらすために「失敗した」とだけ宣言して終わらせてしまうことはやめましょう。

MAGICAL PHRASE 20

感情を伝える時には「YOU」より「I」を使う

心理学用語に**「アイ・メッセージ」**というものがあります。「アイ」というのは、英語の「I」のこと、つまり「私は」という意味です。感情を言葉で表現する時には、ぜひこの「I」を使ってほしいのです。

夫婦や恋人同士がケンカする時、よく「あなたはこうしてくれない！」「お前は俺の気持ちなんて何にもわかってない」など、「YOU」を主語にして文句を言いがちですが、**「ユー・メッセージ」**は相手の気持ちを逆なでして、カッとさせてしまいがち。そんな時、**主語を「I」に替えるだけで、印象がぐっと和らぎます。**

例えば、**「あなたはこうしてくれない」**ではなく、**「私はこうしてくれたら助かる」と言ってみてください。**「お前は何もわかっていない」と言いたくなったら、「僕はこう願っているんだけど」と言い換えてみましょう。
どうでしょう？　印象がやわらかくなりましたよね。「ＹＯＵ」を「Ｉ」に替えたことで、相手への不平不満や文句から、自分の気持ちを伝える言い方に変わったのです。相手を責めているという印象が軽減されますね。

これは夫婦やカップルだけではなく、友人関係や、会社での上司・部下の関係においても有効です。

例えば、いつも待ち合わせに遅刻する友だちに、遅刻癖を直してほしいと思っている場合。そんな時、「何でいつも遅刻するの？」と言いたくなりますが、ユー・メッセージでは詰問しているように聞こえてしまうので、アイ・メッセージに置き換え、優しい口調で「私、いつも待つの大変だから、時間通りに来てくれるとすごく嬉しい」と伝えてみましょう。

印象がやわらかくなるだけでなく、より「辛い」という気持ちが伝わり、効果的。「お願いされている」という印象も強まるため、相手に「応えてあげよう」と思ってもらいやすいというメリットもあります。

MAGICAL PHRASE 21

「怒り」の感情に任せた言葉では、何も解決しない

人はカッとなった時、感情に任せて言葉を吐き出しがちです。そしてその言葉は、ネガティブな言葉になりがちです。

例えば、「ふざけるな！」「いい加減にして！」「何やってるの！」――など。誰もが身に覚えがあると思いますが、相手の発言や行動に対して怒りを覚えた時に思わず口をついて出てくる言葉は、ほぼネガティブな言葉ばかりです。

しかし、ネガティブな言葉からは、何も生まれません。相手もあなたの言葉にカッとなり、罵声の応酬が続くか、相手を萎縮させ、自信を失わせるだけです。

最近、「アンガーマネジメント」という言葉をよく耳にします。怒りの感情をマネジメントすることで、怒りのエネルギーをポジティブな方向に持っていこうという考え方で、

研修に取り入れる企業が増えています。この考えをぜひ、ビジネスはもちろん、プライベートでも取り入れてほしいですね。

「怒り」は2番目の感情と言われています。例えば、「友人に裏切られて怒りが湧いた」場合、1番目の感情は「信頼していたのに裏切られたことに対する〝悲しみ〟や〝辛さ〟」であるはず。「悲しい」という気持ちがあって、「怒り」が生まれるのです。

この**「1番目の感情」に注目すると、怒りに任せてネガティブな言葉を発することがなくなります。**そして、「こうしてほしかったのに、残念」「そんなこと言われて、悲しい」という1番目の感情に合わせた言葉を選べるようになります。

例えば、街中で子どもに怒鳴り散らしているお母さんをよく見かけますよね？「なんでそんなことするの!!」などと頭ごなしに怒鳴っても、子どもに思いは伝わらず、怖がって泣いてしまうだけです。それよりも、**「お母さん、こうしてほしかったんだけどな。残念だな」**と言ったほうが、断然思いが伝わります。子どもも「今のは良くないことだったたんだな。次はやらないようにしよう」と思えるはず。

友だちに心ない言葉を浴びせられた時、悔しさのあまり「あんたのほうが○○じゃない！」などと言い返してしまうと、出口のない泥沼の口げんかに突入しますが、「あなたにこんなこと言われて、とても悲しいよ」と1番目の感情で返すと、相手は自分の言葉がどれだけあなたを傷つけたのか理解し、反省するでしょう。

そして、1番目の感情に注目すると、あなたの周りにいる人の「怒り」や「イライラ」も、受け止められるようになります。

夫婦仲が冷え切っている男性がよく、「うちの奥さんがいつもイライラして怒っているからケンカが絶えない」などと言いますが、相手のイライラにイライラで返しても、何の解決にもなりません。

そんな時は、奥さんのイライラに応酬するのではなく、奥さんの1番目の感情を想像してみましょう。「今日は家事が大変で、疲れているのかもしれない。何か手伝おうかな」「今日はパートの日だったから、職場で何かあったのかな？　話を聞いてあげようかな」など、怒りの感情が抑えられ、相手をいたわる感情や、何かをしてあげようかという気持ちが浮かんでくると思います。この習慣がつけば、口げんかの回数は減り、相手もいたわりの言葉や感謝の言葉を返してくれるようになるはずですよ。周りの人の「怒り（イライラ）」に対して「怒り（イライラ）」で反応しない練習をしましょう。

MAGICAL PHRASE 22

「絶対に」を使うと、人間関係がギスギスしてしまう

話の端々で、「絶対に」という言葉を使う人はとても多いですね。特にカウンセリングをしている時、よく聞かれる言葉です。同じような言葉に「～すべき」もありますが、これらの言葉は、自分自身を苦しめてしまう言葉なので要注意です。

「絶対に〇〇しなければ」と口に出した途端、失敗が許されなくなります。自分で自分に、厳しいルールを課してしまっているのです。でも、この世の中において法律や規則以外に「絶対」なんて存在しません。

例えば、「ダイエット中には、甘いものや高カロリーのものは絶対に食べてはいけない」と自分に言い聞かせる方がいますが、ダイエットを続けるにはたまにはご褒美も必要なはず。「絶対」を付けることで、逆に必要以上に甘い好物を意識してしまい、強いストレス

を感じる方もいるはずです。目標を達成するために、自分で自分を律することは大切ですが、「絶対」という言葉でがんじがらめにしないように気を付けてください。

また、**「絶対に」や「〜すべき」は、人と人とのコミュニケーションをギスギスさせてしまう言葉でもあります。**この言葉を使った時点で、相手の行動や言動を否定しているからです。

以前、ある企業の役員の方が、「部下は上司よりも後に帰るべきでしょう?」と話しておられました。でも、それはその方の勝手な固定観念です。

今の世の中、仕事が終わっているのに上司がいるから帰れないなんてナンセンスですし、ダラダラ残業するよりも、効率を考えてテキパキ仕事をこなせる人のほうが評価される時代です。それに、早く帰った部下は、とても重要な用事があったのかもしれません。そういう部下の事情を測ろうともせず、無視している言葉だと感じました。世の中には「絶対」や「すべき」ことなんてそうそうないということを理解してほしいですね。

「絶対」「～すべき」と似たようなシーンで、「あり得ない」という言葉を使う人も多いですね。特に地位が高かったり、スキルが高かったりする方に多く見受けられます。

そういう方は、自分を基準に評価するので、「何でみんなこんなこともできないんだろう？」と周りを下に見てしまう。その結果、「こんなミスをするなんて、あり得ないよな」などと言ってしまうんです。この言葉が、どれだけ周りを傷つけるか。

でも、よくよく考えてみてください。「あり得ない」と文句を言っている時点で、現実には「あり得ている」んですから、そもそも言葉のチョイスがおかしいですよね？

私のメンタルケアオフィスにカウンセリングにいらしたある社長さんが、この「あり得ない」を連発する方でした。ご自身がとても優秀でいらっしゃるだけに、周りが頼りなくて仕方ないんですね。常に不安だし、歯がゆいしで、とても疲れておいででした。

そこで、「あり得ない」を言いそうになったら、まずは冷静になって「これはあり得ていることなんだ」と理解するようアドバイスしたところ、肩の力がふっと抜けて楽になったとのこと。そして、「あり得ない」と部下を糾弾するのではなく、「あり得ている事実をまずは解決しなければ」と前向きな行動に移せるようになったそうです。

この社長さんのように、「絶対に」「~すべき」「あり得ない」の言葉が口をついて出そうになったら、一回冷静になってみましょう。そして目線を下げて、「絶対ではない」「あり得ている」事実を受け止めてみると、その原因のほうに目が向くため怒りが静まり、どう対応すべきか行動に移せるようになります。それがひいては会社や部下の成長につながりますし、何より自身の成長にもつながりますよ。

同じような例ですが、人は育ってきた環境や経験によってさまざまな色の色眼鏡をかけています。自分の「普通」や「常識」、「当たり前」が他人には当てはまらない可能性があることを今一度理解しておく必要があります。

「こんな大事なことを話しているのに、君はなぜメモを取らないんだ。メモ取るべきだろう」と叱る方がいます。しかし、メモを取るよりもまずはきちんと耳で聞いて覚えたい方もいれば、雰囲気や表情から感情を読み取って記憶する人もいるのです。タイプや性格も人それぞれ違うということを忘れないでくださいね。

MAGICAL PHRASE 23

「やっぱり……」ではなく、「今回はたまたま」と考える

「やっぱり」という言葉は、失敗が怖い方、傷つきやすい方が、リスクヘッジのためによく使う言葉です。

何かに失敗した時、「やっぱりだめだった」と言えば、「最初からそう思っていたから仕方ない」と自分の心を慰め、満足させることができるからです。

しかし、単に失敗という現実を受け止めず、失敗の本質から目をそむけているだけにすぎません。だから失敗からの学びがなく、また同じ失敗をしてしまう。そのたびに「ほらやっぱり……」でやり過ごすから、さらに同じ失敗を繰り返し、負のスパイラルに陥ってしまうのです。

失敗から目をそむけるということは、「失敗の中にあったかもしれない成功の兆し」か

らも目をそむけていることになります。

例えば、「この商談、やっぱりだめだった……」と言ってしまうケース。確かに、商談自体は不成立に終わったかもしれませんが、プレゼンテーションの中のいくつかは、先方の心に刺さったかもしれません。それをすべてひっくるめて「やっぱり失敗した」という言葉で終わらせてしまっては、全く成長がありません。

物事に失敗したり、壁にぶつかったりした時、「やっぱり」という言葉を使いがちな方、初めは辛いかもしれませんがいったん「やっぱり」を封印してみましょう。

現実から目をそむけず、失敗の中にあったかもしれない「成功の兆し」を見つけてみるのです。小さな成功を見つけられれば自己肯定感が高まり、「次はもうちょっと頑張ってみようかな」と思えるようになりますよ。

前向きな気持ちになれば、行動範囲が広がります。安易に「やっぱり」という言葉を使うことで、その芽を潰さないようにしてください。マイナスなことがあった時には、「やっぱり」ではなく、「今回『は』たまたま」と考えましょう。

MAGICAL PHRASE 24

人を否定しない、馬鹿にしない

人間は誰しも、他人よりも優位に立ちたいという心理を持ち合わせています。そのため、他人を見下したり、否定したりすることで、自分の優位性を確認しようとする人は少なくありません。しかし、人と比べる心理や優位に立とうという心理を手放さない限り、人は劣等感から解放されません。

よくテレビドラマなどで、上司が部下に、「こんな目標も達成できないなんて、お前は馬鹿か!」「こんな企画、通るわけがないだろう!」などとどなり散らすシーンがありますが、現実社会にもこんな場面はたくさんあるようですね。

でも、罵倒されたり人格否定されたりした部下が「なにくそ!」と奮起するケースは珍しく、多くは意気消沈し、自信を失ってしまうだけ。成果につながるはずはありません。

加えて、MAGICAL PHRASE17の項でもお伝えしましたが、罵倒する言葉を口に出してしまった時点で、五感のすべてが相手のダメな部分にフォーカスしてしまい、いい部分には目が行かなくなってしまいます。つまり上司として、部下の成長の芽を潰してしまうことになります。

部下が大きなミスをしでかした……など、相手を否定したり罵倒したりしてしまいそうな場面に出くわしたら……。MAGICAL PHRASE22の項でお伝えしたように、いったんその事実を受け止めましょう。

「なるほど、現状起きていることはわかった」など、クッションとなる言葉をはさむのも、自分の心をクールダウンさせるのに有効です。「自分は怒りの沸点が低い」と認識している方こそぜひ、実践してほしいですね。

なお、面と向かってではなく、陰で他人の悪口を言ったり、否定したりするのも当然よくありません。なぜなら、悪口を言うことで、自分の顔が「おブス」になっていくからです。

自分の口から発せられた言葉でも、耳からその言葉が入ると脳が「自分が否定されているんだ」と勘違いし、マイナスイメージが広がることで、気持ちが後ろ向きになり、歪んでいきます。

そして、「あの子、ダメよね」などと言っている表情は、眉間などにヘンなシワが寄り、口元が歪んでいます。

他人の悪口は、「曇りのない笑顔」では言えません。一度、試しに鏡の前で悪口を言ってみてください。悪口を言えば言うほど、自分が醜くなる……と認識できるはずです。

とはいえ、「どうしても叱らなければならない」場面もあると思います。そんな時、つい感情的になって相手を否定してしまう方がいらっしゃいますが、相手の人格ではなく「相手の言動について」指摘することを意識してください。人格を否定したり馬鹿にしたりすると、モチベーションが格段に下がってしまい、挑戦する姿勢が失われてしまうからです。また、心に傷が残ってしまうと、回復するのに多くの時間を要します。

言動についての指摘であれば、「直そう」というモチベーションを喚起しやすくなります。**その際大切なことは、必ず直接伝えるということです。**直接言われるよりも第三者を介して間接的に言われたほうが信頼性が高まるという**「ウインザー効果」**は、**「褒め言葉」**や**「自分が反省していること」**を伝える時には効果的です。しかし、**悪い部分を指摘する時には逆効果になってしまいます。**悪いことが第三者を介して伝わってしまうと、意図とは反対にマイナスの結果になるケースがほとんどですので、注意してください。

MAGICAL PHRASE 25

「どうせ自分なんか」というひがみ根性と謙遜は違う

ＦａｃｅｂｏｏｋやＴｗｉｔｔｅｒなどＳＮＳがコミュニケーションの主流となっている今、勝手に自分と他人を比べて「どうせ自分なんか」とひがみ、落ち込む方が増えていると感じています。

海外旅行に行った、おいしいものを食べた、仕事で表彰された……などなど、ＳＮＳで楽しげな画像や実績をアップする人は多いですよね。それを見て、「Ａさんはこんな豪華なもの食べて……私には暇もお金もない」などとひがんでしまう。

でも、ＳＮＳの投稿は相手の生活のほんの一部を切り取っただけのものにすぎません。投稿内容は、幸せで楽しいひと時のものであっても、裏ではたくさんの苦労や努力をしているかもしれません。スポットの当たった一部だけを見て、ひがんだり落ち込んだりするのはナンセンスです。

他人の幸せを見て、ひがみ、落ち込んでしまう人の多くは、自分の喜びや幸せから目をそらし、忘れてしまう傾向にあります。

例えば、カウンセリングにいらっしゃる方の中で、「私は親から一度もかわいがられたことがない」と言う方がけっこういらっしゃるのですが、「本当に一度もありませんか？褒められたこともありませんか？」と聞くと、「ある」とおっしゃる。よくよく考え、じっくり振り返ってみると、どんなに辛い境遇の方であっても、一度ぐらいはプラスの経験を持っているものです。でも、それを忘れてしまうんですね。

ネガティブな経験は、ポジティブな経験よりも強く印象に残りやすいものです。だから、「自分は他人をひがみがちで、落ち込みやすい」と自覚している方は、いい経験をしたらそれを記録しておく習慣をつけるといいでしょう。

例えば夜寝る前に、その日一日を振り返り、嬉しかった、楽しかった経験や褒められたこと等を手帳やスマホなどにメモしておくのです。どんな小さなことでもいいのです。振り返るという行為で、幸せだったことをより強く認識するとともに、それを定期的に読み返すことで「いいことを忘れず覚えておく」という脳のトレーニングができます。

いいことを思い出して書き留めたり、それを読み返しながら思い出している時は、つい顔がニヤけているはず。口角が上がり、ハートがぷるぷると弾んでいる状態です。それを続けることで、ひがむ気持ちは軽減し、幸せな表情に変わっていきます。

なお、「どうせ自分なんか……」とは少しニュアンスが異なりますが、日本人はよく「いえいえ、自分なんて」と自身を謙遜する方が多いですよね。例えば、「おきれいですね」と褒められた時、「いえいえ、ぜんぜんそんなことないです！」と返す。

「謙遜」は日本ならではの美しい文化だとは思いますが、やりすぎは禁物です。「おきれいですね」との褒め言葉に「全然」と否定で返すと、「全然きれいじゃない」と自分の脳が勘違いし、ブスになってしまうからです。褒めた相手も、「せっかく褒めたのに……」と、複雑な気持ちになってしまうでしょう。

謙遜する言葉に「嬉しいです」「ありがとうございます」という自身の想いを付け加えるだけで、相手に与える印象も、自分の脳に与える印象も、ガラリと変わります。

「いえいえ、そんなことないですけど……そう言っていただけて嬉しいです！」「そんなことないんですけど、ありがとうございます！」

謙遜の言葉をぜひ、こんなふうに変えてみてください。照れながらも嬉しそうに喜ぶ姿は、褒めた相手の心も潤します。そして「いい経験」としてメモに残し、ニヤニヤしながら口角を上げてしまいましょう。

MAGICAL PHRASE 26

「疲れた」は負の呪文と心得る

「疲れた……」。誰しも言いそうになってしまう言葉ですね。仕事の途中、残業中、子どもの世話の最中、山のような洗い物を終えた時……つい口をついて出てしまう気持ち、とてもわかります。

ただ、「疲れた」という言葉の力も、とても大きいので注意が必要です。耳から入った言葉が、「疲れた」と脳に指令を出してしまうため、自律神経の働きが乱れてしまうのです。その結果、ますます身体は疲れ、重くなってしまいます。

疲れた状態を色に例えてみてください。淀み、まだらになった茶色や黒、濁った青、紫というイメージではないでしょうか。

「疲れた」と口に出すとその淀み、濁った色がそのまま、表情に出てしまいます。つまり顔色は悪くなり、表情は淀み、シワが寄ってしまう。

「疲れた」という言葉を、「お疲れさま」に替えるだけで、イメージはだいぶ変わります。「お疲れさま、自分！　よく頑張った！」という、達成や激励のニュアンスになるからです。

言葉を口にすると、脳はその言葉のイメージを思い浮かべます。少しの工夫で、淀んだダークな色味から、金色やオレンジ、赤色などのキラキラした色味を加えることができます。試しに、実際に言ってみてください。「疲れた……」という言葉よりも、少し活力が湧いてくるような気がしませんか？

言葉は現実をつくります。言葉のチョイスが脳や身体に与える影響を、無視しないでくださいね。

MAGICAL PHRASE 27

「不安」は、実体が見えないから起こる

人は、「不満」や「不快」よりも、「不安」な状態に耐えられないと言われています。

例えば、「パートナーからＤＶに遭っているのに離れられない」という人の心理を分析すると、暴力は苦痛だけれど、環境が変わることへの不安や、一人になることへの不安、離れた後に起こる出来事に対する不安のほうが怖いから逃げられない……というケースが実は多いのです。

「不安なの」と言葉にする方は、あまりいないと思います。が、「不安」の持つ力は大きく、言葉に出さなくても「不安だ」と思うだけで体内のビタミンＣを必要以上に消費してしまい、老化を速めます。そして不安な気持ちでがんじがらめになってしまい、行動できなくなる。

「不安」は発想の転換で、軽減させたり解消したりすることができます。

「不安」は実体が見えないから不安なのであって、いざ実体が見えてしまうと案外平気だと思えるものです。そのため、「不安は実体のないもの。その実体を見てみよう」という思考に替えるだけで、一歩踏み出す勇気が湧いてくるようになります。

DVとまではいかなくとも、パートナーの浪費癖が止まらないのに離れられない、浮気癖がひどいのに別れられない……という方は、いったん相手と距離を置いてみましょう。同居しているならば、しばらく家を出て、実家や友だちの家に身を寄せてみることをお勧めします。

そうすれば、自分が抱いていた不安は実は大きな問題ではなく、「ああ、一人のほうが楽だ」と気づけるかもしれません。「支えてくれる家族や友だちがいるから不安じゃない」などと思える方もいるでしょう。そして「別れる」という次のステップに、不安なく進むことができます。

もちろん、恋愛だけでなく、あらゆる場面で同じことが言えます。

例えば職場。今の会社で過酷な労働を強いられている、頑張りが給与に一向に反映されない、上司や先輩からのいじめがひどいなど、明らかに理不尽な状況にあるにもかかわらず、辞めた後のことが想像できず不安だから転職に踏み切れない……という方も、「不安の実体を見てみよう」と考えを切り替え、転職活動を始めるなど一歩踏み出してみれば、「なんであんなに不安に感じていたんだろう?」「もっと早く行動すればよかった」と思えるはずですよ。

MAGICAL PHRASE 28

ピンチの時、「経験不足」「知識不足」「情報不足」のせいにしない

人は、自分の弱みやコンプレックスから目をそらしたいと思う生き物です。だから、何か失敗した時に言い訳をつくり出す。その時に使われがちな言葉が、この「経験不足」「知識不足」「情報不足」です。

「ミスをしでかし、上司やクライアントに怒られそう」「自分が弱い分野の仕事が、どうやら回ってきそう」……こんなピンチの状況の時、「情報不足のせいでミスしてしまいました」「経験不足なので自分には無理です」などの言い訳で押し返し、何とか現状を回避させようとします。でも、そうやって現状を押し返し、逃げてばかりいては、成長はありません。

そんな時は、「経験不足」「知識不足」「情報不足」という言い訳をやめ、いったん現実

を真摯に受け入れ、向き合ってみることをお勧めしたいですね。

現実に向き合うことは、自身の弱みやコンプレックスに向き合うことであり、初めはすごく辛いはず。でも、その後視野が広がり、弱みの克服につながる行動を取ることができます。

例えば、会社でリーダーを任されてしまったけれど、自分にはマネジメント能力もないし、そもそも口下手でコミュニケーション力にも自信がない。その結果、メンバーが大きなミスをしでかしてしまった。

そんな時、「リーダーなんてやったことなかったから、経験不足で……」などと言い訳していては、そこで終わり。

まずはメンバーのミスを受け止め、「なんでミスが起こったのか？」「自分はどうすればよかったのか？」と現実を見なおしてみましょう。

そうすれば、「メンバーとちゃんと会話してこなかったからだ」「口下手でも、話を聞くことはできたんじゃないのか?」「これからは聞き役に徹することで、コミュニケーションを取ってみよう」などと、次にやるべきことのステップが見えてくるでしょう。

なお、目の前にピンチが差し迫っているという緊急時においても、「大丈夫! いったん考えよう!」などの言葉で一度受け止めることをお勧めします。

目の前のピンチに動揺し、焦ったら、より深刻な状況に陥るだけ。逃げてもすぐに追いかけてきます。あえて「大丈夫!」「OK!」「なるほど」などの言葉で現状をいったん受け入れると、それを機に気持ちが切り替わって頭が冷静になり、ピンチに立ち向かう方法を考えられるようになります。言い訳をして不利な状況を両手で押し返しているだけでは、身動きが取れません。弾き返すことをやめて問題を直視してみると、両手が空いて新しい動きを取ることが可能になります。

MAGICAL PHRASE 29

「遠慮」ばかりでは愛されない

日本においては、われ先にと自己主張するよりも、遠慮をして一歩下がることが美徳とされています。

控えめで遠慮がちな姿勢は、日本人ならではの美しさだと思うのですが、遠慮ばかりでは愛されません。先ほど「『どうせ自分なんか』というひがみ根性と謙遜は違う」の項でも触れましたが、謙遜や遠慮は相手のせっかくの好意を無にしてしまう恐れがあるからです。

私は「バカ力」というものを推奨しています。

適度なバカ……例えば、「場を読まない適度な図々しさや自由さ、わがまま」は、周りに愛される秘訣でもあります。

あなたの周りにもいませんか？　わからないふりをして甘えたり、お願いしたりする人。「図々しいな。ちょっとは遠慮したら？」と周りは思うかもしれませんが、甘えられたりお願いされたり頼られたりした人は、承認欲求が満たされ、わがままをかわいく感じるもの。そして「この人のために何かをしてあげたい」と思うものなのです。

モテる女性は、だいたい甘え上手で、図々しく男性の懐に入っていける人です。「○○食べに行きたいな！　連れてってくれませんか？」などと図々しく誘い、食事をごちそうになったら「嬉しい♪　ありがとうございます！」と喜べる。そうすると男性も気分がよくなり、サンクコスト効果も重なりその女性をもっと喜ばせたいと思うようになります。

一方で謙虚すぎる、遠慮しすぎる女性は、気になる男性を誘うことができないですし、たとえ「ごちそうするよ」と誘われても「おごってもらうだなんて……申し訳ないからいいです」などと遠慮してしまう。男性はガッカリしてしまいますよね。適度であればいいですが、遠慮のしすぎは恋愛ベタにつながるので、要注意です。

出世する人もそうですね。経営者や役員など地位のある人には、周りはみんな気を遣い、きれいな言葉しか言わないですが、「適度なバカ力」を持った人は、そういう方を尊敬しながらも、尻込みすることなく「〇〇について教えてください！」「今度一緒に〇〇しませんか？」などと人懐っこく誘ったりお願いしたりと、ポンと懐に入り込むことができる。目下の人にこんなに人懐っこく頼られたら、嬉しいですよね？　だからものすごくかわいがられ、引っ張り上げられて出世する。

とはいえ、遠慮や謙遜が習慣化している方が、その姿勢をすぐ切り替えるのは難しいと思います。そんな場合は、**褒められたり、誘われたりしたら、まずは何回かに1回、遠慮や謙遜をせず受け入れてみてください。**

少しくだけた言葉を会話の中に取り入れたり、相手に簡単な相談を持ちかけたりしてみるのもお勧めです。

以前、部下とのコミュニケーション不足に悩んでいた上司の方のカウンセリングを担当した時のこと。部下が自分に対して畏まってしまい、なかなか腹を割って接してくれないということに悩んでおられました。非常に礼儀正しく周りにも気を遣う方で、聞けば、その方の上司やクライアントだけでなく、部下にもきちんとした敬語を使っていたんですね。

そこで「距離感を縮めるためにも、ちょっとくだけた言葉遣いをしてみては？『会社の周りでオススメのご飯屋さん、知らない？ ぜんぜん詳しくなくて、いつも社員食堂なんだよ』など、簡単な質問を投げてみてはどうでしょう？」とアドバイスしたところ、徐々に部下との関係性が変わってきたそうです。

部下も、怖い存在だと思っていた上司に相談されて、嬉しかったんでしょうね。たくさんのお勧めランチスポットが挙がり、「皆で行こう」という話になったそうです。「相手に気を遣いすぎると、相手も必要以上に気を遣ってしまうのですね……」と実感されていました。

遠慮や謙遜ばかりではなく、たまに周りを頼ってみる、少しだけ甘えてみるといいでしょ

う。そうすれば徐々に、適度な図々しさのポイント（＝相手との距離感）がつかめてくると思いますよ。

これは上級編ですが、頼ったり甘えたりする時に、「○○さんだから、詳しいと思って」「○○さんにお願いすれば、間違いがないから」などと、「あなただけ」感を醸成する言葉を付け加えると完璧です。特別感を演出するため、相手の自己肯定感をさらに刺激し、あなたのために頑張ってくれますよ。

「慮」（おもんぱかる）という字は、あれこれ思いめぐらすことを意味します。遠い将来のことを慮って控えめな態度を取ることも大切ですが、それよりも「慮」を配る「配慮」の方が魅力的です。相手のことを慮るのならば、上手に甘えてしまいましょう。相手の好意を意味あるものにするのも「配慮」です。

MAGICAL PHRASE 30

「あの人と比べて」と言わない

MAGICAL PHRASE25の項でもお伝えしましたが、当たり前ですが「人は人、自分は自分」です。

人には一人ひとりに個性があり、向き不向きもある。他人と自分を比較して落ち込んでいたらキリがありません。そんな暇があったら自分の強みにフォーカスし、それを伸ばす努力をしたほうが断然有効です。

まずは、周りと比べようとする気持ちを捨ててください。そして、自分の長所を挙げてみてください。その過程で、自己肯定感が高まり、幸せな気持ちが高まります。

自分の長所を探す時も、人と比べないこと。「Aさんよりも○○ができる」という視点では、何も変わりません。

「自分の長所なんてわからない」という方は少なくありませんが、そういう方は自分が好きなこと、得意なことから挙げてみるといいでしょう。料理が好きならば、「スクランブルエッグにはちょっと自信がある」「料理の手際がいい」「残り物のアレンジはうまい」など。そうする過程で、自分の強みに気づくことができます。

カウンセリングの場でも、よくこのワークを実行しています。自分に自信を失い、暗い気持ちになっている方であっても、テンションが上がり、表情がイキイキしてくるんですよ。好きなことを考えているから、脳がプラスのほうに働き、幸福感が高まっているのです。

なお、カウンセリングでは、自分の好きなものや好きなことを100個挙げてもらっています。初めは「100なんて絶対に無理です……」と言っていた方も、皆さん余裕で100を超えますよ。好きなものを探しているうちに、「あれも好きだった、これも得意だった」と連想で思い出していくんですね。

どうしてもピンとこないという方は、家族や信頼できる友だちに聞いてもいいでしょう。

ただ、自分で1つ、2つと長所を発見すれば、さらに記憶を引っ張り出すことができます。紙に書き出していくと、更に記憶が刺激されるので有効です。自分が好きになれない、自分に自信が持てないという方は、ぜひ試してみてくださいね。

好きなもの、好きなことを書き出すワークは趣味を探す時にも有効です。趣味はうつ病の予防にも成功体験の積み重ねにもなりますので人生を華やかにしてくれること間違いありません。

MAGICAL
PHRASE

CHAPTER 3

「チャンス」を
つかめる
口ぐせ

MAGICAL PHRASE 31

「ぜひやらせてください！」は、モチベーションを高める言葉

ビジネスシーンにおいては、モチベーションの高さが評価されますが、この「やらせてください！」という言葉は、モチベーションを最大限アピールできる言葉です。

この言葉を使うシーンの多くはビジネスの場、そして相手は上司やクライアントといった、自分より目上の人であるケースが多いでしょう。

クライアントに、いかに「この仕事はこの人に任せよう」と思ってもらえるか、上司に、いかに「この役割を任せてこいつを育てよう」と思ってもらえるかが、仕事を獲得するカギになります。

モチベーションの高さは、他人になかなかアピールしにくいもの。心の中では情熱が熱く燃え盛っているのに、それがうまく表現できない……という方は少なくありません。こ

こ一番！　という時は、この言葉を思い出してほしいですね。

今の若い世代は、昔に比べて若者らしい破天荒さがなく、冷静沈着な人が多いと言われています。そんな中、「やらせてください！」という、その人の〝熱〟を感じる言葉は、想像以上に相手の心を揺さぶるものです。

そして、**この言葉を発することで、自分自身のモチベーションがさらに高まるという効果もあります。**例えば、「この仕事に携わってみたいけれど、まだ自信が持てない」とか、「なかなか気持ちが乗ってこない」なんていう時も、まずは「やらせてください！」と言ってしまえば、気持ちがついてくるのです。

実は私も経験があります。

テレビ番組に呼ばれる機会があるのですが、時に「心理学の専門家」という自分の範疇《はんちゅう》を超えたコメントを求められることがあるのです。

範疇外のことなのではじめは躊躇《ちゅうちょ》するのですが、思い切って「やらせてください！」と言うようにしています。この言葉でスイッチが入り、範疇外のことも「調べなきゃ」「勉強しなきゃ」という気持ちになれるからです。結果的に、範疇外の分野にも興味が広がり、勉強することで知識も増える。普段のカウンセリングにもプラスになっていると感じています。

追い詰められないと、なかなかスイッチが入らない……という方は、この言葉を意識して使うといいですね。「よ〜し、やってやるぞ!!」と、モチベーションも高まりますよ。

なお、**モチベーションには外発的モチベーションと内発的モチベーションがあります。**外発的モチベーションは、「評価や褒め言葉、周りからの賞賛、報酬や昇給、昇格」によるもの、内発的モチベーションは、「やりがいや楽しさ、充足感や達成感」によるものを指します。どちらかに偏ってしまうと継続していくことが難しくなりますので、特に内発的モチベーションに注目して、楽しさや達成した時の満足感をきちんと味わって心を動かしてくださいね。

MAGICAL PHRASE 32

「やってみますね！」は、将来を開く言葉

「やらせてください！」と同じでは？　と思われるかもしれませんね、もちろん、モチベーションの高さを伝える言葉ではあるのですが、実は心理学的には別の効果もあるのです。

例えば上司やクライアントなどに少し無理な要求、難しめの要求をされた時、そんなのとてもできないよ……と思っても、正直に「できません」と返したらそこで終わり。相手に「拒絶された」というマイナスの印象を残してしまいます。

「できます」という自信がなくても、「やってみますね！」という言葉で返せば、相手を否定せず、立場を尊重することができます。しかも、チャレンジ精神をアピールすることにもつながります。

もちろん、成功するに越したことはありませんが、たとえ失敗に終わっても、「やって

みますね！」で感じたチャレンジ精神が相手の気持ちをやわらげてくれますし、「頑張ってくれたんだから仕方ないね」→「次の機会があったら頼んでみよう、きっと頑張ってくれるだろう」という印象につながります。つまり「チャンスを消さない」言葉なのです。

例えば家電量販店で店員さんに「他店ではこの商品、もっと安かったよ」と伝えた時、「うちはこの値段なんで」とばっさり言われるよりも、「ちょっとお時間ください！　上のものに聞いてきますね！」と言われると、嬉しくなりますよね？　その結果、たとえ値引きできなかったとしても、「いろいろ動いてくれたこの人から買ってあげたい」という心理になりませんか？

「やってみますね！」はこれと同じことなのです。日本人は特に「返報性の原理」が強く働くので、「できません」より「やってみますね！」を心掛けると、将来が開けてくるはずですよ。

なお、似たような言葉に「頑張ります！」があります。これも、相手の不安を軽減する言葉ですが、「やってみますね！」よりも自信がない時に、シーンを選ばず活用できます。「下手だけど頑張ります！」「あまり自信がないけれど頑張ります！」などはビジネスだけでなく、恋愛や友人関係などのプライベートシーンでも有効。相手を「頑張っているこの子を応援してあげたい」という気持ちにさせることが可能です。

MAGICAL PHRASE 33

「チャンスですね！」は、スイッチが切り替わる言葉

「ピンチはチャンス」と言いますが、まさにその通り。マイナスの出来事があった時こそ、「これはチャンスだ」と声に出して自分自身に言い聞かせることは非常に効果的です。

人は失敗すると、「ああ、やってしまった……」と落ち込み、また同じ失敗をするんじゃないかというマイナス思考に陥りがちになりますが、そうなると物事のマイナス部分にしか脳がフォーカスしなくなるのです。そこで意識して「これはチャンス！」と声に出すと、思考のスイッチがカチリと切り替わり、プラス面が見えてくるようになります。脳に「この失敗はチャンスなんだ！」と思い込ませることで、次につながる成功の「芽」も見つけられるようになるでしょう。

そして、この言葉は、「失敗して落ち込んでいる人」に使うのも有効です。

「辛いよね……でもチャンスとも捉えられるかもしれないよ？」などと声をかければ、自分に言い聞かせるのと同じように、失敗ばかりにフォーカスして悩み、落ち込んでいる人の視界を切り替えることができます。

相手が友人や同僚の場合は、冗談交じりに「この失敗はチャンスだよ！」などと伝えるのも有効。「え〜？　この状況のどこがチャンス⁉　人ごとだと思って！」なんて笑いを呼び、それが肩の力をふっと抜けさせます。そこから考えがポジティブに切り替わる人もいるでしょう。

自分にとっても周りにとっても、気持ちを切り替えるために有効な言葉なので、ぜひ覚えておいてほしいですね。

なお、周りに対して使う際に少し注意してほしいのは、この言葉の前にじっくり話を聞いて一緒に落ち込んだり反省したりして心に寄り添うことを忘れてはならないということです。話も聞かずに急に高いテンションで声をかけてしまうと相手の負担となり、ただの自己満足になりかねません。

MAGICAL PHRASE 34

「得意です！」が気がひけるなら、「好きです！」から始める

日本では謙虚が美徳とされているので、「得意！」ということに抵抗感を持つ方もいるかもしれませんね。でも、「得意」とあえて口にすることで、そんなに得意でないものも得意になるという効果があります。

例えば皆でカラオケに行ったのに、「私、カラオケ苦手で……」と、かたくなに歌わない人っていますよね？　本当にカラオケが苦手で、心からの正直な言葉だったとしても、「カラオケが苦手」と口にするたびに、脳に「苦手だ」という指令が行き、カラオケに対する苦手意識がますます強まります。

本当はカラオケがうまく、謙遜で「苦手だ」というケースもあるかもしれませんが、「苦手」という言葉が脳にマイナスイメージを与え、うまかったはずのカラオケがヘタになっていく……という悪循環に陥るので注意が必要です。また大して上手ではなくても、自信

を持って活き活きと歌うことで、何割か増して上手に感じさせることができます。

多少苦手だと思うことであっても、あえて「得意！」という言葉を使うと、得意という言葉に脳が触発され、チャレンジしてみよう！という気持ちが高まりますし、チャレンジの回数が増えるから、物理的に上達もします。カラオケがうまくなりたいと思っている人は、「得意だ！」と口に出して自分に思い込ませるところから始めてみましょう。

「好きこそものの上手なれ」ということわざもあります。まずは「苦手」という認識を変えることから始めてみてはいかがでしょうか。

そして、「得意！」と言っている人のほうが、周りに与える好感度が高いのも特徴です。ポジティブに物事を捉え、何事にも挑戦しようとする人、という印象を与えるからです。「得意」と言うのはおこがましいと思う方は、「好き」から始めてもいいですね。「カラオケが苦手」と言う人よりも、「カラオケが好き！」と言っている人のほうが楽しそうだし、つい誘いたくなりますよね？

仕事もこれと同じです。「自分はまだまだですから……」なんて謙遜している人よりも、「得意です！」という姿勢で臨んでいる人に、より大きな仕事を任せたいと思うものです。「得意なこと」と「好きなこと」は近いニュアンスが含まれています。得意だという人に任せたほうが、気持ちを込めて取り組んでくれそうだし、より高い成果のために努力し続けてくれそうだという印象を持ちます。

仕事においてもプライベートにおいても、チャンスを引き込む言葉です。ぜひ自分を謙遜しすぎることなく、要所要所で使ってみてください。「苦手」が「得意」に、「得意」が「さらに得意」になること請け合いですよ。

MAGICAL PHRASE 35

「次はここに気をつけます！」で、相手は安心し、期待を高めてくれる

仕事で失敗したり、不備があったりした時、「次は気をつけます！」という言葉を使いがちだと思います。反省の気持ちを示し、次へのやる気を見せる言葉ではありますが、これを「次は〝ここに〟気をつけます！」に替えるだけで、相手に与える印象はガラリと変わります。

「ここに」というのは、「具体性の提示」につながります。単に「次は気をつけます」だと、「どこに気をつけるのか？」と相手に不安を残してしまいますが、「ここに」と具体的に示すことで、**「この人は課題をしっかり認識しているな」と相手を安心させ、次への期待を高めてくれます。**曖昧な返事は相手の怒りを増長させてしまうリスクがあることも覚えておきましょう。

また、「ここに」気を付けると声に出すことで、自分の記憶にも残りやすくなります。「失敗しちゃった……次は気を付けなければ」だけだと、何に気をつければいいのか印象に残らず、つい記憶から抜け落ちてしまうものです。「ここに」と具体的に提示することで脳に正しくインプットされ、同じ過ちを繰り返しにくくなります。

気をつけねばならないポイントがたくさんあって1つに絞れない……という場合には、ポイントを整理して、大きく3つぐらいにまとめて声に出すといいでしょう。

ポイントを3点挙げて話すことを「3点法」と言います。「この3点を理解すればいいんだ」と相手が「聞く態勢」を取るうえ、ポイントが整理されているので伝わりやすく納得してもらいやすいというメリットがあり、コミュニケーションをうまく取る手法として知られています。

「次の3点に気をつけます。1つ目は――。2つ目は――。そして3つ目は――」と伝えることで、相手に納得感と安心感を与えるうえ、自分自身でも課題が整理でき、かつ記憶にしっかり残すことができますよ。

余談ですが、**コミュニケーション下手な人は、要点を絞らずダラダラと話す傾向にあります。**話だけでなく、メールやLINEなどの文字数もとても多いのが特徴です。

相手に伝えたいことがたくさんあったとしても、それをそのまますべて伝えていては、要点がわからず相手に気持ちが伝わりません。仕事でも、プライベートでも、「具体性の提示」を意識し、言いたいことをまとめる習慣をつけるといいでしょう。

「あれもこれも伝えたい」「これも大事」と文章が長くなってしまう方は、思い切って削除する練習をしてみましょう。優先順位をつけて、最も重要な3点以外はカットします。細かいニュアンスを伝えようとダラダラ話す（綴る）よりもスッキリと簡潔にまとめたほうが、説得力が増し、できる人と思わせることができます。

MAGICAL PHRASE 36

「ワクワクします！」は、相手を尊重し、感謝する言葉

「ワクワクする」というシチュエーションに、どんなイメージを持ちますか？　心が弾み、全身の血の巡りがよくなり、エネルギーが満ちあふれるようなイメージを持つ人が多いのではないかと思います。

「ワクワクします！」と相手に伝えることは、「このような、心が弾むシチュエーションをありがとう！」という意味合いがあり、相手を尊重し、感謝する姿勢を示すことにつながります。「こんなにワクワクするようなシチュエーションを提供してくれたあなたはすごい！」と褒める要素も含まれているので、相手の心を気持ちよくさせ、コミュニケーションを円滑にする役割もあります。

また、「ワクワクしている」という思いを周りと共有することで同調効果が得られ、さ

らにワクワク感が高まります。

私はディズニーランドが大好きで、もう何十回も足を運んだのですが、大学1年生の時に行ったディズニーランドが一番印象に残っています。

その時一緒に行った友だちは、田舎から出てきたばかりで、その日が生まれて初めてのディズニーランド。電車に乗っている時から「ワクワクする〜!」と大興奮していて、舞浜駅に降り立った時点で興奮は最高潮に。ディズニーのテーマソングを楽しそうに口ずさみ、その日一日、満面の笑顔で園内を走りまわっていました。「そんなに興奮するのか……」と驚きながらも、友だちのワクワク感が伝わり、こちらもさらに楽しい気持ちになりましたね。そして、その時の彼女の笑顔が、10年以上たった今も鮮明に思い出されます。

このように「ワクワク」という言葉には、「いい思い出を記憶に焼き付ける効果」もあります。同行者の私の記憶にもここまで深く刻まれているのですから、本人の記憶にはより深く、明瞭に刻まれているはずです。このように、明瞭に思い出せる「いい思い出」をたくさん持っている人は、それを思い出すたびに心がプルプルと潤います。

心の中で「ワクワクする！」と思うことはあっても、なかなか声に出さない方が多いと思いますが、声に出すことで脳に印象づけられ、ワクワク感や楽しい想いを周りと共有することでさらにワクワクが高まり、強く記憶に植え付けられます。楽しい気持ちは抑えず声に出し、周りと共有したほうが断然プラスですよ。

MAGICAL PHRASE 37

「教えてください！」は、相手の承認欲求を満たす

「教えてください！」と頼られて、嫌な気持ちになる人はいません。**「自分のことを尊敬して、頼ってくれているんだな」という印象を持ち、承認欲求が満たされます。**そして「返報性の原理」で期待に応えようとするだけでなく、相手に対してかわいらしさを覚え、「教えてあげたい、助けになってあげたい」という気持ちにもなります。

さらに、「教えてください！」は相手だけではなく、発言した自分にとってもプラスです。**「自分は教えられる立場なんだ」と脳が理解し、初心に帰ったり、素直な気持ちを取り戻したりするという効果があるから**です。

その結果、覚えるのがとても速くなったり、教えを自身に最大限取り入れる努力をするようになります。また、**「自分は教えてもらえる人間＝教える価値のある人間」と脳が捉え、自己肯定感が高まるというメリットもあります。**

この言葉は、経験が浅い若手ビジネスパーソンだけでなく、ベテランの方や役職者なども積極的に活用してほしいですね。

誰にも得意・不得意分野があります。社会人歴が長いだけに、仕事の知識には自信があっても、現在のトレンドなど「情報感度」においては若い人のほうが長けているでしょう。目下の人に積極的に教えを請うことで、相手は「上司に（偉い人に）頼られた」と自信を持ち、それを糧に「さらに頑張ろう」と成長できますし、ご自身も初心に帰って素直な気持ちを取り戻すことができるでしょう。

そして「教えてください！」はビジネスシーンだけでなく、恋愛においても有効です。「私は興味を持っている」というアピールになるからです。

私の友人にもいるのですが、たわいない話をしている時でも「へー、それ知りませんでした！　教えてください！」という女性はとてもモテますし、情報が集まって自然と「情報通」になれます。

周囲に「彼女から頼られている」という承認欲求を与えるだけでなく、自然と「こちらから能動的にいろいろ教えてあげよう」という気持ちになり、新しい情報を得たときに「あの子に伝えたら、興味を持ってくれそう、楽しく聞いてくれそう」と思うようになるのです。

一方で、すぐに「あ、それ知ってる！」と返して、話題を自分ですべて持っていってしまう人もいますが、そういう人は愛されにくいですね。異性に食事に誘われた時、「あ、そこ行ったことある！」と答えるのも、たとえ本当のことであったとしても得策とは言えません。「楽しみです！　他にもお勧めの店、教えてほしいです！」と返すのが、愛され度を上げるコツですよ。

MAGICAL PHRASE
38

「安心して！」は、副交感神経を優勢にしリラックスさせる言葉

第2章でもお話ししましたが、人は、「不満」や「不快」よりも、「不安」な状態に耐えられないといわれています。「安心して」は、そういう状態にある人々の心を軽くし、不安を軽減させる言葉です。

特に女性は、男性に比べ常に不安を持ち合わせている生き物といわれているので、男性にこそぜひ積極的に使ってほしいですね。「安心して」「大丈夫」などの言葉は、副交感神経を優勢にし、リラックス効果をもたらします。トラブルがあった時や、不安な気持ちになる事柄が発生した時、意識してこの言葉を使うと、カップルや夫婦間の関係性もより安定するでしょう。

新しい環境で不安を抱えている新入社員や、ミスをしてしまった部下などに使うのも効

果的。相手の心を落ち着かせ、自信を取り戻させることができます。

お子さんに対しても、ぜひ言ってあげてください。幼少期に「守られたい」「抱きしめられたい」「構ってもらいたい」という幼児的願望を満たしてあげることが、その後の人間的成長につながるからです。

私の経験で恐縮ですが、子どもの頃、母と兄と3人で遠くに出掛けた時、時間を見誤って終電を逃してしまったことがあるんです。なぜそんなことになったのかは忘れてしまったのですが、幼い私にとっては大事件だったと記憶しています。近くのホテルは空いておらず、タクシーで帰るには遠すぎたので、始発が動くまでの数時間、駅の待合室で待つことになりました。

真っ暗な、知らない街の駅のベンチは怖かったですね。母と兄がいたのに、不安で不安で、もう一生おうちに帰れないんじゃないかと泣きました。そんなはずあるわけないのですが、まだ子どもでしたからね。

そんな時、母が「安心して、大丈夫だよ」と頭を撫でて抱きしめてくれたんです。それだけで、ふっと心が軽くなり、「あ、大丈夫なんだ」という気持ちになれ、涙も自然に止まりました。**「安心して」は、子どもからすれば「魔法の言葉」なんです。**

言葉よりも、まずは抱きしめてあげることが重要という人もいますが、「大丈夫だよ」「安心して」という言葉とともに抱きしめてあげることで、さらに子どもの心は安定し、それを糧に強く成長するものです。ぜひ、安心させる言葉でお子さんの心を温かく満たしてあげてくださいね。

MAGICAL PHRASE 39

「できる」自分になれる振り返りの習慣

ここでは、言葉を使って「できる」自分になる方法論をお伝えしたいと思います。

前にも述べましたが、人は基本的に、ネガティブなもののほうが記憶に残りやすいものです。そして、ネガティブな記憶は強いので、幸せだった記憶、楽しかった記憶をかき消してしまうのです。そして、一度かき消されてしまった記憶は、なかなか思い出されることがありません。

なので、**1日1回、その日にあった「いい思い出」を振り返る習慣をつけることをお勧めします。**

記憶は、振り返ることで「保持力」が高まります。そして、いい思い出を振り返ることに、心がプルプルと動き、潤います。その時、「ああ、あれは楽しかったなあ」「幸せだったなあ」と声に出すとさらに効果的です。

私は以前からよく、夜寝る前にこの振り返りを行っています。学生時代はバスケットボール部に所属していたので、当時は毎夜、自分の「活躍したシーン」ばかりを思い出してニヤニヤしていました。

もちろん、失敗を振り返り、反省することも大切なのですが、活躍したシーンを振り返るとモチベーションが高まり、上達が速くなるというメリットがあります。実際、これで毎日の辛い練習にも力が入りました。

また、いいことを思い出してニヤニヤしていると、幸せホルモンであるセロトニンが増えると言われています。幸せオーラがにじみ出て表情がイキイキ、お肌もツヤツヤしてきます。その状態で眠りにつくと、眠りの質も向上します。

「毎日の振り返り」は、恋人同士やご夫婦に特にお勧めしたい習慣です。

お付き合いが長くなった恋人同士や、結婚生活が長くなったご夫婦などから、「愛情がなくなった」「ケンカが増えた」などという声をよく聞きますが、相手から言われた嬉しい言葉や、やってもらって嬉しかったことなどを振り返る習慣をつけておくと、「いい思い出」を引き出しやすくなるので、愛情が冷めにくくなります。お互いを思いやる心も、維持できるでしょう。

MAGICAL PHRASE 40

「不安から解き放たれる言葉」を持っている人は強い

不安な気持ちに陥った時、「これを言うと不安が軽くなる」という言葉を一つ持っておくと、いざという時にとても役に立ちます。

私の場合は、小さな頃からちょっと嫌なことがあると「Supercalifragilisticexpialidocious」と唱えていました。これは、ディズニー映画の『メリー・ポピンズ』に出てくる歌の一節で、早口言葉のようなものなのですが、これを呪文のように唱えると、気持ちが軽くなり、嫌なことも忘れられたんです。

このような、気持ちを切り替える言葉があると、ネガティブな状況をポジティブに変換することができます。

どんな言葉を選べばいいいかピンと来なければ、自分が幸せになれる言葉が何か、考えてみるといいでしょう。
「恋人の名前を呼ぶ」でもいいですし、好きなアイドルに対して「〇〇ちゃん（君）好き！」などと呼びかけてもいいかもしれません。私のように、言葉ではなく歌の一節にして、「嫌なことがあったら歌う」でもいいでしょう。そうすると、ネガティブな思考にストップがかかり、気持ちが安定します。

言葉のほうがより手軽だとは思いますが、この場合は「モノ」であっても有効です。
プロスポーツ選手が「ここ一番は、この勝負パンツをはく」などと言いますよね？「大事な商談の時は、このネクタイ」と決めているビジネスパーソンもいます。そういうモノを一つ持っておけば、気持ちを切り替えるスイッチ役として活用できます。

香りでもいいですね。好きな香水やアロマを持ち歩き、嫌なことがあった時に嗅ぐようにすると、心が落ち着き、前向きな気持ちになれるでしょう。

このように「特定の気分や状態」の時の五感から入る刺激を記憶し、落ち込んだ時や疲れた時などの別の状況であっても同じ刺激があれば「特定の気分や状態」が再現されるということを心理学用語で「アンカリング」といいます。

ある特定の音楽を聴くと懐かしく楽しい気持ちになったり、大好きだった元恋人がつけていた香水の香りを嗅ぐといまだにドキドキワクワクしたり、梅干しを見ると唾が出てきたりするなどといった経験はありませんか？　このような五感から入る刺激と、気分または状態が結びつくことを利用して、自分の中に自分を変えるためのスイッチをつくることが可能です。

MAGICAL PHRASE 41

「まあ、いいか」「しょうがないな」で楽天的になれる

この本の中で繰り返し伝えていますが、ネガティブな気持ちは誰もが抱いて当然であり、無理にポジティブになる必要はないと思っています。ネガティブな気持ちをそのまま口に出さず、言葉にする時はポジティブに転換したほうが断然プラスではありますが、ネガティブな気持ちが浮かんだ時に、「ダメダメ！　ポジティブに考えなくては!!」と打ち消すのは無理がありますし、精神的にも疲れてしまいます。

そこで、もう一つの選択肢「まあ、いいか」「しょうがないな」「こんな時もあるよね」という、〝現状を楽天的に捉える言葉〟をうまく活用してほしいですね。

自身の感情を、「ネガティブ」か「ポジティブ」かの2択で測るのは、時に精神的な負担になります。クヨクヨ悩みすぎずに、「まあ、いいか」と口に出すことで、楽天的な気

持ちで一回受け止めることが可能になります。

「楽天的に捉える言葉」に加えて、「楽天的になれる趣味」もあるといいですね。うつ病の最大の予防は、趣味と言われています。ネガティブ思考を切り替え、楽天的な気持ちになるのに効果的だからです。

カウンセリングの際に、「趣味は何ですか？」と聞くと、「ない」と答える方が非常に多いんです。でも、よくよく聞いてみると実はたくさん持っているのです。

「趣味」というと堅苦しく聞こえるかもしれませんが、自分の心が動くものであれば、それは「趣味」と言えます。携帯のゲームだって、カラオケだって、お酒だって、何なら友だちとのおしゃべりだって、それで心が楽になったり、楽しくなったりするならば立派な趣味。できれば「心が動くもの」だけでなく、マッサージやランニング、半身浴など「身体的に楽になれる趣味」も持っておくと、ネガティブ思考に多角的にアプローチできるのでお勧めです。

第3の居場所「サードプレイス」を持つこともお勧めです。ファーストプレイスは自宅、セカンドプレイスは職場または学校、そしてサードプレイスは一個人としてくつろぐことのできる第3の居場所、またはコミュニティのことを指します。

コミュニティが偏ると、考え方も偏ってしまいます。心から安らげるオアシスで意識的に休息を取ることが、たとえ問題の直接的な解決に至らなかったとしても、抱えているストレスを軽減してくれます。

MAGICAL PHRASE 42

「できたらいいな」ではなく、「私はできる」と声に出そう

「人が想像できることで、現実にならないものはない」と言われています。そして、心の中で想像するだけでなく、口に出して「できる」と言うことで、さらに現実に近づきます。「宣言効果」というものは、皆さんが想像している以上にパワーがあるものなのです。

例えば、ダイエットを成功させたい場合。人知れずダイエットして周りを驚かせたいという人もいるかもしれませんが、「私、今日からダイエットします！」と宣言したほうが圧倒的に実現可能性は高まります。

宣言した手前、後には引けないという思いが強まり、食欲に歯止めが利くようになりますし、カロリーの高いものを食べようとした時に「あれ、何で食べているの?」「ダイエットするんじゃなかったっけ?」と注意されるなど、周囲による抑止力も働くからです。

「将来の夢」を具体的に宣言するのも効果的です。夢を阻止しようとする輩が出てこないとも限りませんが、それよりも、応援してくれる人による恩恵のほうが断然大きいと考えられます。

例えば、「自分でレストランを経営するのが夢」と周囲に宣言すれば、「いい職人さんがいるよ」「いい食材を扱っている業者を知っているよ」「飲食系に詳しい不動産業者の知り合いがいるよ」などといった、レストラン経営に必要な情報がもたらされるでしょう。自分一人では得られなかった人脈も、築けるかもしれません。

声に出して宣言することで、周囲の人々の記憶にその夢が刷り込まれるというメリットもあります。すぐには戦力にならなくとも、後日レストラン出店に役立ちそうな人や情報に出会った時に、「あ、この情報を教えてあげよう」「この人を紹介してあげよう」と思い出してもらえます。

いい運気を引き寄せるために、言葉の力は重要です。でも、「どういう言葉を使えば自分の気持ちが正しく伝わるか」にこだわり、想いを言葉にできない人が増えていると感じます。

多少ニュアンスが違っても、想いは口からどんどん出したほうがいい。やりたいなら「やりたい！」と、素直に言葉にすることです。その言葉が自身の脳に刷り込まれ、周りも巻き込み、「できる」の確率を高めてくれます。口に出すことで自分自身の覚悟を固め、周りのサポート体制を整えることもできますよ。

MAGICAL
PHRASE

CHAPTER 4

美しい人になれる口ぐせ

MAGICAL PHRASE 43

「きれいだね」と人に言っている本人がきれいになる

ここまでにたびたびお話ししてきましたが、他人に向けて発した言葉であっても、脳は「自分に言われた言葉」と勘違いします。

いいことを言えばいいように、悪いことを言えば悪いように脳が受け取り、自分自身にその影響が出てきます。

大学時代、読者モデルをやらせていただいたことがあるのですが、撮影中、カメラマンさん、編集の方、ライターさん……皆さん寄ってたかって「かわいい〜！」「きれい〜！」と言ってくださるんです。私のモチベーションを上げようと、過度に言ってくださっているんですけれど、思わず嬉しくなってニコニコしちゃう。でもよく見ると、「きれい〜！」と言っているご本人たちがとても高揚しているんですね。満面の笑みで、お肌ツヤツヤ、輝いて見えました。

このように、意識して周りに「きれい！」と言うように心掛けると、自分もきれいになっていきます。「きれい」が与える言葉の魔法が、発している自分自身に作用し、イキイキ、ツヤツヤしてくるのです。

もちろん女性だけでなく、男性にも有効です。日本の男性は、あまり女性に「きれい」「美しい」と言いませんが、発すれば発するほど、自分自身に活力がみなぎり、若々しくなります。周りの女性もきれいになるし、優しく接してくれるようにもなりますので、ぜひ使っていただきたい言葉ですね。

また、周りの女性に対して「きれい」を使うと、「きれいな女性と一緒にいられる自分」という認識が高まり、自己肯定感を得られるという効果もあります。「きれい」という言葉は一石二鳥なのです。

話は少しそれますが、自分よりも若い友人がいる人、意識して若い人の輪に飛び込んでいる人は、年齢よりも若々しく、お肌にもハリがあります。若い人の中に身を置き、若い人ならではの言葉や感性に触れることで、脳や心が「自分も彼らと同年代なんだ」と勘違いするんですね。

きれいになりたい方は、実際にきれいな人や、きれいになろうと自分磨きをしている人に、意識的に近づくといいでしょう。自然と「きれいですね！」と言う機会が増えますし、「きれい」に関する言葉を耳にする機会も増えることから、自分もきれいになっていきますよ。

きれいな人の習慣や言動を取り入れることも有効ですね。

MAGICAL PHRASE 44

自分が感じたときめき、ドキドキに忠実になる

自分の心に、耳を傾けられる人が減っていると感じます。

現代の日本人は、SNSの普及などによりリアルでの交流機会が減ったことで、コミュニケーション能力が低下していると言われています。若い人は特に「傷つくのが怖いから」と、感情を言葉にせず我慢する傾向にあります。自分の感情を無視して、傷つかない方向にリスクヘッジしているんですね。

繰り返し言っていることですが、自身の感情にふたをして、言いたいことを我慢し続けていたら、そのうち感情が動かなくなり、心が錆びついてしまいます。

もっと自分の感情に正直になって、ドキドキしたり、いいなと思ったりしたら、言葉に

してほしいですね。それにより、心が柔軟になり、弾み出すようになります。

身近な例で言いますと、居酒屋で飲んでいる時、料理が1つだけ残ったりしますよね？皆食べたいのに、遠慮しているシチュエーションって、よく見かけます。

そんな時、「これおいしかった。食べたいな」と思ったのであれば、「最後の1個、もらっちゃうね〜！」と食べてしまい、「おいしかった〜！」と言ってしまいましょう。自分の心のためにもなりますし、周りの人も「食べてくれてよかった」「今日はあまり遠慮しないでもよさそうだな」と感じ肩の力が抜けるので、より気軽で楽しい会になります。周りを盛り上げたいのなら、まずは自分が全力で楽しみ心を動かすことが大切です。自分の心に耳を傾け素直に自由に振る舞うことのできる人は、周りの人の緊張を自然とほぐすことができます。

ただ、自分の感情にふたをし続けてきた方の中には、「どんな時に心が動くのか」ピンとこない方もいらっしゃいます。感情が動かなくなると、ドキドキ、ワクワクできるシーンに気づけなくなり、見逃してしまうようになるのです。瞬間的に「ドキッ！」と心が動いたとしても、すぐに忘れてしまうというケースも多いですね。

意識するだけで、現状は変えられます。自分がドキドキ、ワクワクする瞬間ってどこだ？と意識しながら毎日を過ごすと、「今、感情が動いたかも？」「これがドキドキかな？」などと気づく機会が増えるでしょう。

できれば、感じたドキドキ、ワクワクを、メモする習慣をつけるといいでしょう。そして、1日の終わりに読み返してみると、「ああ、今日はこんなイイことがあった」とドキドキ、ワクワクした感情を思い出せるので、心のトレーニングにつながります。

現代人は、忙しすぎて心の余裕がなく、日常の中にたくさんある「小さな幸せ」を見逃しています。メモを取ると、そのことに気づかされ、驚かされるでしょう。ぜひドキドキを可視化する習慣をつけ、心をプルプルに潤わせましょう。

MAGICAL PHRASE 45

「四季を感じる言葉」を言ってみる

四季を感じることは、心を動かすトレーニングになります。

日常の幸せに、気づきにくくなっている現代人。四季の移り変わりにも気づけない人が増えています。「あんなに暑かったのに、気づけば肌寒くなっている、もうすっかり秋だ！」なんてビックリしたことはありませんか？

四季が明確に分かれている日本は、とても恵まれています。四季それぞれの風景があり、色があり、香りがあり、楽しみ方があります。それを意識して感じ、楽しむことで、心が潤っていきます。

できるだけ、広く外に目を向け、季節の移り変わりを肌で感じてみてください。春のさくら色、夏の緑の強い香り、秋の紅葉、冬の凛とした静寂や枯れ葉を踏みしめる音……さまざまなことに気づけるはずですよ。

旬の食材も、積極的に食べていただきたいですね。旬の食材を、旬を感じながらありがたくいただくことで確実に五感が刺激され、身体にいいだけでなく心も弾んでいくからです。

旬の食材はみずみずしく、栄養価にあふれています。目で見て楽しいし、口にした時の触感も心地よい、そしてその触感……例えばサクッ！という歯ごたえは、聴覚も刺激します。もちろん、旬にいただくことで味は濃く、香りも強く、華やかです。

五感を刺激することには、ネガティブな感情が和らぐという効果もあります。四季を感じることは認知症予防にもつながると言われているほど。老化防止の役割もありますので、ぜひ四季をもっと意識し、全身で感じるよう心掛けてみてください。

MAGICAL PHRASE 46

「目で見て触れて、感じたもの」を言ってみる

五感を刺激することは、感性を磨くことにもつながります。

五感を示す言葉はたくさんあります。例えば、視覚なら「きれい！」、聴覚なら「心地いい曲」、触覚なら「気持ちいい肌触り」、味覚なら「おいしい！」、嗅覚なら「いい香り」など。

目で見て触れて、感じたものは、どんどん言葉にしていきましょう。実際に感じただけでなく、「言葉として発する」ことで五感がさらに刺激され、感性が磨かれます。

そして、感じたもののイメージを膨らませ、自分ならではのフレーズを考えると、さらに感性が豊かになります。

タレント・彦摩呂さんの、グルメレポートの時のフレーズ「宝石箱や〜!」。彦摩呂さんらしい素晴らしい表現ですよね。自身が感じた味を、すてきなものがたくさん詰まった「宝石箱」にたとえる発想力……彦摩呂さんの感性の豊かさが伝わります。

彼にならって、**食べたものを「おいしい!」と感じたら、別の言葉で表現できないか考えてみるといいでしょう。**感性を磨く、絶好のトレーニングになります。新しいフレーズを考える時は、過去の自分の経験と結びつけて考えることが多いので、脳がくるくる回転し、イキイキ働き出すという効果もあります。

一方で、ネガティブな言葉は感性を鈍らせ、錆つかせます。

ネガティブな感情が浮かぶこと自体はごく自然なことですが、言葉にする時にはできるだけネガティブなワードは使わないことが大切……と繰り返しお伝えしてきました。とはいえ、思考がネガティブに支配されて、なかなか前向きな言葉が浮かばないというケースもあるでしょう。

そんな時は、「(ネガティブに感じている)根拠は?」とか、「ちょっと待って! ホントにそう?」などと、自分自身に問いかけてみるといいでしょう。その言葉をきっかけに、脳が「他の選択肢を考えてみよう」という方向に動き出します。

今の時代、わからないことがあってもネットで検索すればすぐ解答が出てきます。とても便利ではありますが、思い出そうとしたり、考えたりする機会が減ったことで、人々の感性も鈍っていると感じます。

ネットで検索する前に、自分の頭の中を検索する習慣をつけましょう。それだけでも大いに脳が刺激され、イメージ力が高まり、感性が磨かれますよ。

MAGICAL PHRASE 47

「わかるよ」「無理しないで」は安らぎを与える言葉

辛い感情を抱え、ふさぎこんでいる人に寄り添うことは、自身の「心の受容力」を高めることにつながります。

人は、落ち込んでいる人を見ると、「この人を助けたい」という気持ちになり、「この人のためになるアドバイスをして、この人を楽にさせてあげなければ！」と思い込みます。

でも、ほとんどのアドバイスは、落ち込んでいる人にとっては負担です。前向きにならなければいけない、頑張らなければならない……と思わせてしまうからです。

「○○してあげよう」ではなく、「受け入れよう」という姿勢で、辛い感情をそのまま受け止めてあげることが、その人にとって一番の安らぎになります。

例えば、「わかるよ」「そのままでいいんだよ」「無理しないでね」などは、その人の気持ちに寄り添い、精神的なサポートにつながる言葉です。そして、寄り添うことで自分の心の器も広がっていきます。

心が狭い人の中には、落ち込んでいる人に対して「え、それってやばくない⁉」などという言葉を短絡的に投げかけてしまう人もいます。心の受容力が低く、柔軟性がないだけに、他人が落ち込んでいる状況を自分ごとと捉えてしまい、自分まで慌ててしまっているのです。

つまり、受容力が低いと、相手に負担を与えるだけでなく、自分自身の心にも負担を与えてしまうことになりかねません。

落ち込んでいる人に対しては、まずは「聞いてあげる」、そして「寄り添う」ことです。何かアドバイスを求められたら、その時初めて何らかの提案をしましょう。その際、「こういうケースもあるみたいだよ」「こんな情報を聞いたことがあるよ」など、やわらかい言葉で、かつ間接的なアドバイスとして伝えると、相手の心に負担を与えないのでお勧め。

自身の心も、やわらかく柔軟になりますよ。

MAGICAL PHRASE 48

「〜ですね」「〜でしょうね」と言ってみる

「やわらかさ」は女性の永遠のテーマ。いかにやわらかい雰囲気を醸し出せるか？　が美人度アップに大きくかかわってきます。

やわらかさは、表情や物腰、立ち居振る舞いでも表現できますが、言葉遣いにやわらかさがなければ台無しです。

例えば、「〜じゃん！」などと言い切るような語尾は、耳触りが悪く、ガサツな印象。女性らしさは感じられません。「〜してください」という断定的な言い方も、冷たい印象を受けます。男性が使うような乱暴な言葉遣いはもちろんご法度です。

「言葉は割れ物」です。ガラスのように繊細であり、大切に扱うべき。

例えば「〜ですね」「〜なんですね」「〜でしょうね」などという語尾は、やわらかく、優しい印象を与えます。ガラスのコップをガン！と置くのではなく、手を添えながらそっと置いていているイメージを持ちませんか？

「ふわふわ」「ルンルン」「ドキドキ」などといった擬態語も、やわらかい言葉です。

「楽しすぎて、ルンルンしちゃった」

「ちょっとドキドキしますよね」

など、擬態語を使おうと思うと自然に語尾もやわらかくなるので、意識して使うといいでしょう。

最近はLINEなどSNSで交流する機会が増えていますが、文字によるメッセージは余計に硬く冷たい印象を与えるので、さらに注意が必要です。

私の場合は、やわらかい語尾や擬態語を文面に用いるのはもちろん、さらに「ひらがな」を多用するようにしています。漢字は画数が多く、どうしても硬い印象になりがちなので、読みやすい範囲内でひらがなにすると、文字情報からも温かみが伝わります。「たろう君」「あいこちゃん」など、相手の名前をひらがなにして呼びかけるのもいいですね。

なお、これは女性だけでなく、男性においても有効です。

「〜なんですよ」「〜ですよね」などちょっと女性っぽい言葉遣いをする営業マンは、テキパキと論理的に話す営業マンよりも、クライアントに信頼されやすいと言われています。特に、性格やコミュニケーションスタイルがつかめていない初対面の相手の場合は、この話し方のほうが万人に安心感を与えるので有効です。

ちょっと話がそれますが、仕事の場で「テキパキとしたビジネスライクな話し方」と「女性らしいやわらかい話し方」を織り交ぜて話すと、相手をより強く惹きつけると言われています。

初めの印象よりも後の印象を上げると、評価がより高まるという心理的効果を「ゲインロス効果」と言います。例えば、普段はテキパキ話す人が、ここぞという時にやわらかい話し方をすると、普段とのギャップの大きさから、心を一気につかまれるのです。

「いつもはテキパキ派」という営業の方は、ここぞという商談の時にこのテクニックを使うと、受注の可能性が高まるかも⁉　ぜひ、覚えておいてくださいね。

MAGICAL PHRASE 49

朝起きた時、「今日も1日、いい日にするぞ！」と言ってみる

朝起きて、一番に発する言葉には、その日1日を左右するほどの大きな力があります。

「今日も1日、いい日にするぞ！」「今日も1日、楽しもう！」などという前向きな言葉を意識して発すると、脳が「よし、今日を充実させよう！」とポジティブに回転し始め、実際にその日1日前向きに、パワフルに過ごせるようになります。

カウンセリングをしていると、不眠症気味の方が増えているように感じます。不眠症には、入眠困難、早朝覚醒、中途覚醒、熟眠困難などさまざまなタイプがあり、その理由もストレスやブルーライトなど色々ですが、いずれも朝起きた時にだるさや倦怠感、満足感のなさを強く感じます。

そんな時、無理矢理にでも「よく寝た〜！」と大声で言うと、脳が「よく寝られた」と勘違いするので、身体のだるさや不満足感が軽減し、1日を元気に過ごせるようになります。不眠症改善にもつながりますので、お勧めです。

カーテンを開き、日の光を浴びながら言うとさらに有効。寝ている間は副交感神経、起きているときは交感神経が優勢に働いていますが、日の光を浴びることで副交感神経優位から交感神経優位へと自律神経が切り替えられ、頭が回り始めます。また、明るい光は幸せホルモン「セロトニン」の分泌を促し、睡眠ホルモン「メラトニン」の分泌を止めると言われているので、眠気やだるさがスッキリします。そして光を浴びた15〜16時間後に再び分泌が始まるため、寝る準備へと導かれるのです。

逆に、お布団にくるまったまま、「眠い……」「しんどい……」「起きたくない……」など、だるい気持ちをそのまま言葉にすると、頭も身体も重たくなり、1日中ネガティブな気持ちで過ごすことになるので要注意。気持ちはわかりますが、口に出してしまったらさらにその日1日が辛くなります。ぐっとこらえて、ポジティブな言葉を発しましょう。

夜は、自分を褒める言葉を言うのがベスト。

「今日も1日、よく頑張った！」などと自分自身にねぎらいの言葉をかけてあげましょう。「よくやった」「良い1日だったな」というプラスの言葉を口にすると充実感が高まり、気持ちよく眠りに就くことができます。

不眠症気味の方は、寝る直前に寝巻に着替えて「よし！寝るぞ！」と宣言するのも一つの方法。脳が寝る態勢に入ったと認識するので、眠りに就きやすくなりますよ。

MAGICAL PHRASE 50

「相手の長所」を言うと、「確証バイアス」がはずれる

「確証バイアス」をはずすと、一段上の美人になれます。

「確証バイアス」とは社会心理学用語で、**無意識のうちに自分に都合のいい情報ばかりを集めること。**例えば、第一印象で「この人は良さそうな人だ」と思うと、その人のいい部分ばかりが見えてきますが、逆に悪い印象を持つと、その人の悪いところしか目に入らなくなります。

繰り返しになりますが、**人は、初めに持った印象や先入観を裏付けたいと考える生き物**なのです。悪い印象を持った人のあらを探して、「ほら、こんな悪いところもあった。やっぱり私が持った初めの印象って正しい！」と自己満足するのです。

たとえ相手の不躾な振る舞いのせいで悪い印象を持ってしまったとしても、自ら意識し

て「確証バイアス」を取り払う努力をしないと、前述したように「悪いところを探して醜くゆがむ、ブスな顔」になっていくので要注意です。

誰しも苦手な人はいます。チャラチャラしている人が嫌いとか、ハデな人は印象が悪いとか、見るからに暗い人は苦手だとか。

そんな印象を持った相手であっても、いいところは必ずあります。チャラチャラして軽薄そうに見えた人でも、話してみれば実は落ち着いた思考ができる人だと気づくかもしれません。暗くて人見知りっぽい人でも、実は博学で学ぶことが多いかもしれません。そこまでの気づきは得られなくても、確証バイアスに惑わされずにマイナスに偏らないフラットなものの見方ができれば、声がいいとか、笑顔が優しいとか、ちょっとした「いい面」に気づけるようになるでしょう。

たとえ苦手意識を持ったとしてもコミュニケーションを取ることをすぐにはやめずに、共通点を模索してみたり質問を投げかけたりして、できる限り歩み寄ってみるべきです。

質問をすることは相手への興味や好意を示すことにつながります。話してみると案外気が合ったり、予想外の答えが返ってきて話が盛り上がったりとプラスの空気が生み出されることがあります。相手の良いところを探して歩み寄っている時の顔は、優しさと余裕に満ちあふれキラキラ輝いているはずですよ。

MAGICAL PHRASE 51

相手をいたわる言葉をかけてみる

環境、感情（心）、行動、思考、身体は、密接に関係しています。すべてが影響し合っているので、何か一つに変化があると、その他の部分にも変化が現れます。

例えば、うつ状態にある方は、考える時間が長くなる、反応が遅れる、話すスピードがゆっくりになる、表情がなくなるなど、さまざまな変化が見て取れます。服装に無頓着になる、ちぐはぐな色のものを着ているなども特徴として挙げられます。

こういう変化を、見逃してしまう人が実に多いのです。

友人の変化、パートナーの変化、部下の変化……相手に対して興味・関心を持っていれば気づけること。精神的に落ち込み、悩んでいる人が無意識に発しているSOSに、ぜひ気づいてあげてください。

特に、会社で管理職の立場にある方は、部下の観察を大切にしてほしいですね。部下の状況や状態を把握しておくことは、ビジネスをうまく回すためにも重要です。

お勧めしたいのは、**朝出社したら、必ず部下全員とあいさつをすること。**MAGICAL PHRASE02の項でも触れましたが、**相手の目を見て、あいさつを交わす中で、好不調が見えてきます。**

声のトーンがいつもと違う、表情に生気がない、話しかけに対する反応が遅い……などの変化があったら、仕事やプライベートで何か悩み事があったり、体調が悪かったりする可能性が大。

「顔色が悪いけれど、無理しすぎていない？」「調子はどうだ？　何か困ったことはないか？」などと一声かけてあげるだけで、相手は落ち着きます。「自分の変化に気づいてくれた」という承認欲求も満たされ、前向きな気持ちを取り戻してくれるでしょう。なお、ただ漠然と「大丈夫？」と聞くだけだと「大丈夫です」と答えてしまう人が多いので、具体的に聞くことが大切です。

男性は女性に比べ、変化に気づきにくいと言われています。表情や空気を読み取って察するということが苦手なのです。彼女が髪を切ったり、メイクを変えたり、気を遣ったりしてみても全く気づかず、彼女が不満を抱えるというケースは少なくありません。

そんな時、男性はよく「俺ってそういうの気づかない人だから」なんて言いますが、「気づかない」と自分で言っているようでは、一生気づけません。自ら宣言することで、見る目を放棄してしまっています。

仕事で、プライベートで、周りの変化に気づいて言葉をかけるのは、非常に重要なこと。「気づかない人だから」という前に、見て、話して、察する努力、気づく努力をしましょう。

MAGICAL PHRASE 52

「これは効くんだ！」と言うと、「プラセボ効果」が高まる

「『不安』は、実体が見えないから起こる」の項でも触れましたが、人はストレスを感じると、ビタミンCを大量に消費します。抗ストレスホルモンを合成するために、ビタミンCが使われるためです。

ネガティブな言葉を発すると、脳が「ストレスを感じている」と捉え、ビタミンCを消費し始めます。実際にストレスを感じていなかったとしても、発するだけで消費するのです。ビタミンCが美肌になるための基本的な栄養素であることは、言わずと知れたこと。「ネガティブな感情を抱いても、口にする時は『ポジティブに』は、アンチエイジングの側面からも重要なのです。

「言葉による脳の思い込み」を活用することで、美肌を目指すことも可能です。

薬効がない偽薬であっても、「薬だ」と信じて服用すると病気が快方に向かったり実際に治ったりすることを「プラセボ効果」と言います。メカニズムは解明されていませんが、「これは効くんだ！」と思い込むことで、脳や身体にプラスの効果がもたらされた結果だと言われています。

MAGICAL PHRASE06の項でも触れましたが、安い化粧水であっても、「この化粧品はほかのどれよりも潤う！　リフトアップできる！」と信じて使い続けると、実際に肌が潤い、ツヤツヤしてきます。「期待をかけると効果が出る」という心理的効果を指す「ピグマリオン効果」も加わり、美肌になっていきます。

ダイエットも同様です。「これをすれば痩せる！」と信じると、痩せるスピードが上がります。

「毎日3回腹筋すれば痩せる！」と信じてやれば、たった3回の腹筋でも痩せていきます。

私の場合は、「毎日5分間半身浴をしたら太らない！」と信じていますが、実際に効果が出ていると思います。

逆に「これ食べちゃったら太るなあ……」と思いながら食べると、てき面に太りますよ。「おいしい！　幸せ！」と言いながら、笑顔で食べてしまいましょう。食べたからといってすぐに脂肪に変わるわけではありません。その後少しだけケアすれば大丈夫なのです。息抜きをしながら時には自分にご褒美をあげて、楽しく長く継続させることを目指しましょう。

MAGICAL PHRASE 53

「OK、OK!」は、周りに親しみを感じさせる

寸分の隙もなく、完璧な人は、とっつきにくく、人間味を感じさせません。一方で、肩の力が抜けた自然体の人は、やわらかく温かい雰囲気があり、非常に魅力的に感じるものです。

言葉も同様です。肩の力が抜けた言葉には愛嬌があり、周りに親しみを感じさせます。

例えば、「OK、OK!」などは、肩の力がふっと抜ける言葉です。

何か深刻な状況に陥った時、トラブルに直面した時、人の顔は緊張感でこわばります。そんな時、「OK! 大丈夫、何とかなる」と声に出すことで、ふっと力が抜け、次に何をするべきかが見えてくるようになります。

そして、そんなあなたを周りから見ると、愛嬌が増し、「かわいげ」が出てきているはずです。肩の力を抜く言葉は、現状を変え余裕を生み、美人に見せる効果があるのです。

ビジネスシーン以外ならば、子どもが使うような言葉もいいですね。子どもは肩肘張ることはありませんし、まだまだ完璧ではない存在だからです。

例えば、子どもはすぐ大人に「それってなんで？　なんで？」と聞きますよね。大人は「知らないことは恥ずかしい」と思っているから、「なんで？」と素直に聞きにくいものですが、子どもはそんなこと考えもしないから、ひたすらピュアな気持ちで「なんで？」とキラキラした目で聞いてきます。

子どものような言葉遣いは、子どもならではのキラキラした瞳を彷彿とさせます。そして「この人はピュアで、かわいげがある人だ」という印象につながり、魅力的に見せる効果があります。

大人になると、「知らないこと、できないことは恥ずかしいものだ」と思いがちです。

でも、そういう思考に縛られている時は、人の顔はこわばっているはず。知らないということを隠すのに必死で焦りが顔に出ているかもしれません。そして、そんな表情を見ている周りにも負担を与え、疲れさせてしまいます。

人間味のある美しさは、万人に愛されます。肩の力を入れない言葉で、「完璧を目指さない強さ」を持ってほしいですね。抜け感を大切に。

MAGICAL
PHRASE

CHAPTER 5

「自分ノート」をつくれば、なりたい自分になれる

MAGICAL PHRASE 54

1日3分でできる自分ノートのつけ方

その日にあった「いいこと」をメモして、寝る前に読み返してニヤニヤする。それが心を動かしプルプルに潤わせる——この本で何度かお伝えしてきたことです。

ただ、本当に辛く、悲しいことがあった時に、無理にいいことばかりを書く必要はありません。そんな時にいいことを書こうとしても、逆にストレスになるからです。そんな時は、ネガティブな感情を押し殺すのではなく、メモに書いてしまいましょう。それにより感情のストレス発散になる場合があります。もちろん、疲れて元気がない時は、ノートを開くだけで何も書かなくても結構です。

人は思考的なストレス、感情的なストレス、身体的なストレスという主に3つのストレスを抱えていると言われています。思考的ストレスは本を読んだり先輩からアドバイスをもらったり瞑想したりすることで発散でき、身体的なストレスは、スポーツや遊び、汗をかくことやボディケアなどで発散することができます。ところが感情のストレスはなかなか発散しにくいものです。そんな時に、辛い感情をノートに殴り書きすると、予想以上にすっきりします。

そして後日、状況が好転した時にそれを読み返し、振り返ってみることをお勧めします。人は、自分が悪い状況にある時には、悪いほうにばかり目がフォーカスしがちです。「自分にはいいことなんて起きない」「自分は常に不運だ」などと思い込んでしまうのです。しかし、ノートを見て振り返ると、「当時に比べれば、少しはいい状況にあるじゃないか」と自分の成長や変化を実感できるのです。

辛い時に、過去に書いてあるポジティブなメモを読み返すのもいいですね。「悪いことばかりじゃない、こんないいこともあったじゃないか」と、過去の自分に勇気づけられ、気持ちを立て直すことができます。

なお、ネガティブな感情をノートではなく、SNSにぶつける人がいますが、これは決してお勧めしません。

Facebook やTwitter、LINEのタイムラインなど、友だちが見ていることがわかっているのに、ネガティブなことを書く人がいます。一時的な心の安定を求めているのでしょうが、トータルで見るとかなりの確率でマイナスに働きます。

もちろん、友だちは「大丈夫？」と心配する書き込みをするでしょうが、実際は冷めた目で見ていることも。ネガティブな本人とはテンションが違うので、「せっかく今日楽しいことがあったのに、この書き込みで気持ちが暗くなっちゃった……」と、少なからず嫌な気持ちになっているはずです。

マイナスなことや文句や不満ばかりを呟いている人に、誰も近づいたり、手を貸したりなどしたくないはず。1回や2回ならまだしも、マイナス発言がたびたび繰り返されると、友人は離れていくでしょう。

ネガティブな感情は自分ノートにぶつけてください。それにより感情的ストレスが浄化でき、人として成長もできるのです。**信頼できる家族や親友に聞いてもらうことも有効です。**特定の人へのメッセージとSNSなどの不特定多数の人へのメッセージはきちんと区別すべきです。

MAGICAL PHRASE 55

ノートに書いたとおりになる（なりたい自分を書いてみる）

私は**1年の初めに目標を書き出すことをお勧めしています。**紙やノートでもいいですし、手帳を持つ人は手帳が一番いいですね。頻繁に目標をチェックすることができますから。

まず**1年の大きい目標を立てて、その後に月ごとの目標を立てます。**月ごとまでに落とし込むのが難しければ、3カ月ごとでも構いません。**大切なのは、「目標の具体化・明確化」。**そして、文字にすることでエネルギーが増し、記憶にも残りやすくなります。

そして、**目標達成できたら、蛍光ペンでマークします。**「できたこと」がキラキラして見えるので、とても達成感があるんですね。蛍光ペンを使うたびに、心が弾み、プルプル潤ってきます。もちろん、花丸をつけたり、「やったね！」と褒め言葉を入れていったりする方法もお勧めです。

どんな目標であっても構いません。例えば、「今年中に恋人をつくる！」というものでももちろん構いません。大切なのは、それを毎月の目標に落とし込むこと。1月は、まずは女性（男性）心理を学ぶ、2月は出会いの場に出かけてみる、3月は気になる人をデートに誘ってみる……こんな感じで計画を立てていくのです。

「ビジネスコミュニケーション能力を上げる」が目標であれば、1月は周りをとにかく観察する、2月はいつもと違うように見える人に声をかけてみる……などでもいいですね。その際、「コミュニケーション能力が上がったら、今よりどんなプラスのことがあるんだろう？」と想像し、ワクワクしながら目標を明確化していくと、脳が目標に向かってフォーカスし、より目標達成率が上がるのでお勧めです。

そして、1年後に蛍光ペンがたくさん引かれたメモ・手帳を見ると、「この1年頑張った！」と自分自身の自信につながります。

達成率を上げるためにも、たくさん蛍光ペンを引くためにも、毎月の目標は細かめに設定していったほうがいいですね。例えば、「恋人をつくる」を1年の目標に置いたある女性は、「習い事を始めてみる」「眼鏡からコンタクトに替える」など細かく目標を設定していました。コミュニケーション能力を上げたい方であれば、「1日○人と会話する」「電車内でお年寄りに会ったら、必ず席を譲る」などもいいですね。少しの努力でできそうなことをたくさん書いておくと、目標達成意欲が高まりますよ。

もちろん、さらに長いスパンで捉え、人生のTo do リストをつくることもお勧めですよ。

MAGICAL PHRASE 56

「日々のひらめき」を書いてみる

ひらめきに敏感になると、アイディアが浮かびやすくなります。そしてひらめいた時の「脳の気持ちよさ」を感じることができ、脳にとってもプラスに働きます。

「自分はクリエイタージャないから、そんなにたびたびひらめかないよ」とおっしゃるかもしれませんが、実は皆さん気づいていないだけで、日々いろいろなことを考え、ひらめいています。それを一つひとつ意識するだけでもかなり違いますが、ひらめきのトレーニングをするのもお勧めです。

トレーニングのポイントは、「まるで○○みたい」「○○に似ている」などと〝類似〟させることと、「なぜこうなっているのか」と〝意味づけ〟てみること、そして「もしもこうなったらどうなるだろう？」などと〝仮定〟して想像してみること。

例えば、電車の中で皆がスマホを見ている光景に出くわしたら、「スマホを手に皆一心不乱に操作している……まるでパチンコ台に向かっている人たちみたい」などとたとえてみる。

そして、「なぜみんなスマホを見ているんだろう？　日本人は人と視線を合わせるのが苦手だから、スマホを見るようにしているのかな？」などと意味づけてみる。

そして、「今、全員のスマホの電池が一斉にパン！と切れて真っ暗になったら、皆どういう反応をするのかな？　みんな驚いて、周りをキョロキョロ見まわしたりするのかな？」などと仮定して考えてみる。

……このようにゲーム感覚で考えていくと、意外にいろいろな発想が浮かぶと思います。

そしてこの〝類似〟〝意味づけ〟〝仮定〟を習慣化すると、発想力がどんどん磨かれていきます。ひらめきのための思考回路が形成され、それが鍛えられていくからです。

また、「何かいいことを思いついたけれど、忘れちゃった」という経験は、皆さんが持っていると思います。日々皆さんたくさんのことをひらめいているんですが、ひらめきをそのまま終わらせてしまい、忘れ去ってしまっているのです。

クリエイターの方々や、作詞家、作曲家などは、よくメモしたり、ボイスメモで吹き込んだりしていますよね。それにならって、**ぜひひらめいたその場でメモに残す習慣をつけてほしい**ですね。お酒を飲んでいる時とか、寝る前であるとか、脳がリラックスしている時にひらめくことが多いので、ぱっとスマホなどに書き込んでもいいでしょう。ひらめきを実行に移せるケースが増えますよ。

私もひらめいた時にはすぐにスマホのメモアプリに打ち込むようにしています。意外と何気ない日常や休息時にひらめくことが多いのです。力が抜けた時のほうが、頭がやわらかくなっているのかもしれませんね。

MAGICAL PHRASE 57

「自分格言」を書いてみる

著名人や偉人などの「名言集」や「格言集」などの出版物が人気ですね。自身の生き方や目標、仕事で迷った時、元気や勇気をもらうことができ、次への第一歩を踏み出す力が湧いてきます。

ただ、心に響く名言・格言は、人それぞれ違います。出版物を買うのももちろんいいのですが、**普段の生活の中で出会った「心に響いた格言」を、メモして保存しておくことをお勧めします。**

そして、できれば誰かが言った名言・格言そのままではなく、**自分の状況に当てはめて「自分格言」にカスタマイズすると、より心に響くものになります。**迷ったり、悩んだりした時に読み返せば、心を切り替えるきっかけになりますよ。

世の中には、心に響くフレーズがあふれています。著名人や偉人の格言でなくとも、例えば本のタイトルやCMのキャッチコピーや、好きな曲の歌詞などもいいですね。ドラマや小説、マンガのフレーズもいいかもしれません。

例えば、私は少し前に放送されていたアーモンドチョコレートのCMのキャッチコピーがものすごく心に響いて、書き留めておきました。「美しいツヤ、砕けるナッツ、甘く香ばしい香り、ああ、五感が……五感にひと粒」というものなのですが、一粒のチョコレートでも、五感で感じるとこれだけ深く味わえるんだ！　ということが表現されていて、「私ももっと五感で感じなければ！」と思ったコピーです。

そして、実際に五感でチョコを味わうと、いつもよりおいしく感じるんですよね。キャッチコピーそのままではなく、「五感で、味わう」という言葉が、自分格言になりました。

言葉の組み合わせは、無限です。名言・格言、心に響くフレーズをそのまま自分の支えにするのももちろんいいのですが、「より自分自身にしっくりくる言葉」を探すことも大切。「自分格言」ですから、極端な話、日本語として成立していなくてもOK。自分がよりしっくりくる、腹落ちすることが重要なのです。

そして、**自分の気持ちが動く言葉を集めると、人の気持ちを動かす言葉を思いつきやすくもなります。**自分の心の動きに注目できる人は、相手の心の動きも読めるからです。ビジネスシーンにおいて、恋愛や友人関係において、ここぞという時にきっと役立つはずですよ。

MAGICAL PHRASE 58

「夢が実現した時のイメージ」を書いてみる

本当に叶えたい夢や目標は、文字に書き、口に出すことで、実現可能性が上がります。

あるタレントさんは、デビューした頃に「○歳で『笑っていいとも!』に出る」「○歳で雑誌の表紙を飾る」「○歳で帯番組を持つ」など、具体的な目標を立てて書き出し、周りにも宣言していたそうです。そして、実際にそれを次々と実現しました。デビュー当初ですから、もちろん当時は人気も知名度もありません。しかし、目標を明確に決めることで、それに向かって突き進む力を得ました。

夢を明確に立て、文字にすると、夢が実現した時のイメージを膨らませ、妄想するようになります。「これが実現できたら、こんないいことがある。そして次のステージがこんなに広がる!」と妄想を連鎖させるのです。**「夢を実現した自分」を想像している時、人**

はキラキラ輝いています。外国のモデルさんやハリウッド俳優なども行っていますが、「プラスのイメージング」は行動範囲を広げ、成功を引き寄せるのです。

あるお笑い芸人さんは、売れていない時に地元の友だちや家族に「俺は地方の番組にバンバン出ているから」などと「夢を現実のもの」のように周りに話すことで、自分自身にプレッシャーをかけていたそうです。ちょっとぐらいハッタリをかましてでも、「成功している自分」を妄想する効果は大きいもの。実際に彼も、今では大きな仕事をいくつも引き寄せています。

先ほど「1年の目標を年頭に書き、毎月の目標に落とし込む」ことをお勧めしましたが、そのさらにロングターム版ですね。本気で叶えたい夢があるならば、それを何歳で達成するといったん決め、毎年の目標に落とし込んでいくことで、実現可能性が高まります。もちろん、少しはズレが生じるかもしれません。1年で達成すると置いた目標が、2年、3年後になるかもしれません。しかし、「強く願えば、いつか叶い」ます。

心の中で決めるだけでなく、文字にして、口に出すことで、目標達成のエネルギーを倍々に増やしていきましょう。

［著者］
山名裕子（やまな・ゆうこ）
やまな mental care office 代表。臨床心理士。
1986 年、静岡県浜松市生まれ。幼い頃から両親が一番の理解者であったが、身内ではないからこそ話せることもあるのだということに気がつく。心理学系大学を卒業後、夢に向かって努力を重ねるが、努力だけではどうにもならない挫折を味わい、自信をなくす。その後もう一度心理学を学び、臨床心理士として活動するため、大学院にて心理療法の心得や技術を習得する。2013 年、臨床心理士の資格を取得。カウンセリングはリラックスしてストレスを発散できる場、疲れを癒やす場にしていきたいと考え、主に認知行動療法によってのカウンセリングをすすめている。
心の専門家、臨床心理士としてメディア出演をはじめ幅広く活動中。
主な著書に『バカ力―完璧をめざさない強さ―』（ポプラ新書）、『一瞬で「できる男」と思わせる心理術』（宝島社）がある。

幸せを引き寄せる「口ぐせ」の魔法

2017年 2 月23日　第 1 刷発行

著　者――山名裕子
発行所――ダイヤモンド社
〒 150-8409　東京都渋谷区神宮前 6-12-17
http://www.diamond.co.jp/
電話／ 03-5778-7227（編集） 03-5778-7240（販売）

装丁・本文デザイン―井上新八
撮影――――榊智朗
ヘアメイク―山中茉由佳
製作進行――ダイヤモンド・グラフィック社
印刷――――ベクトル印刷
製本――――ブックアート
編集協力――伊藤理子
編集担当――土江英明

ISBN 978-4-478-06898-4